西伯利亞俳句

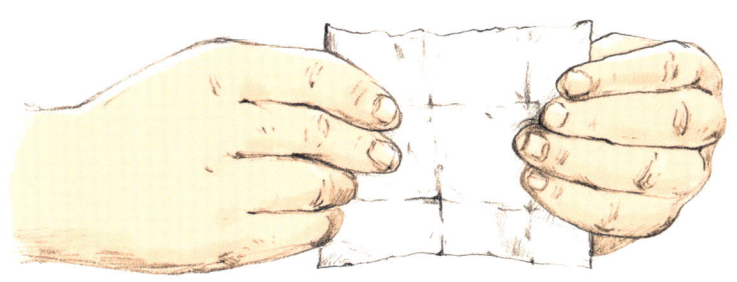

文：尤佳・維列
繪：板垣莉那
譯：海狗房東

給爸爸,獻上我的愛

【序言】

　　小時候，爸爸不時會壓低嗓音跟我們提起西伯利亞的事。弟弟和我在餐桌上不好好吃飯時，他責備我們之後就會說──年紀和我們差不多大的時候，他在西伯利亞，要是能找到一顆冰凍的馬鈴薯都會感激得不得了，而且他也會把那顆馬鈴薯吃下肚，因為沒有其他食物可以吃……在我的想像中，西伯利亞是一片無比遙遠的冰冷之地，生活在那裡的人們，肚子總是咕嚕作響，鼻子下方垂掛著滴水的冰柱。小時候，我總是無法理解爸爸以前怎麼會淪落到這麼可怕的地方，他的過去似乎充滿了祕密。如今，當我對自己的孩子提起冰凍馬鈴薯的事，他們會問：誰把爺爺趕去那裡？為什麼？唉，實在不太容易解釋……

　　那段時期是多事之秋。戰爭爆發，德國入侵波蘭，剛在俄羅斯成立不久的蘇聯，很快就占領了立陶宛。許多立陶宛人因為對此無法接受，被視為是「國家的敵人」而遭到剷除。這些人在自己的家中被蘇聯軍隊逮捕，全家都被驅逐出境，送往蘇聯環境最嚴苛、遺世獨立的地區，也就是遙遠的西伯利亞。許多人在流放的過程中死去。受到幸運之神眷顧、最終能回到故鄉的人少之又少，包括有機會搭上那班「孤兒列車」回家的兒童。我的爸爸阿吉斯就在這班列車上。他和我的祖母都提過這段往事，成為我寫這本書的靈感來源。這個故事大多是真實的，只有一部分出自我的想像……

尤佳・維列

阿吉斯

很多人都叫我小阿吉。不過，我真正的名字是阿吉斯。我想我應該是13歲，但我不是很確定。達莉亞是我的姊姊。她喜歡織毛線，我喜歡跟著合唱團唱歌，喜歡把漏水的舊水桶拿來當鼓。媽媽有很長一段時間沒辦法說話，但是一場可怕的暴風雪過後，她又找回自己的聲音。爸爸在勞改營裡過世了。✝大鵝馬丁一直都陪在我身邊。你知道嗎？
西伯利亞長不出蘋果。我原來並不知道……

再見，西伯利亞！

喀咚 喀咚 喀咚 喀咚……

「孤兒列車」載著我們回家 ——我們全都是孤兒，還有一些假裝是孤兒。立陶宛是我們的家鄉，但是，我們上一次見到立陶宛，已經是非常久以前的事了。這段時間，我們都待在西伯利亞。西伯利亞在非常遙遠的北方，奇怪的是，我對立陶宛的印象，像大白天的視線一樣清楚，彷彿我昨天才剛離開。那裡的人、房屋、馬……那裡的色彩、氣味、聲音……

我們全都保存在記憶的祕密角落裡。不久之後，我們又可以再親眼看見、親耳聽見、親自聞一聞！

這趟旅程有兩個大人陪著我們——史東小姐和布斯先生，我們的恩人。他們帶著一大疊重要人士簽好的許可證和文件，千里迢迢到西伯利亞來接我們。管事的人本來不肯放我們走，最後才妥協。史東小姐和布斯先生聞起來有家的味道……有一些靈魂也跟著我們搭上火車，並不是每個人都能看見祂們。呼，我沒有力氣了，西伯利亞讓我累得要命。

喀咚 喀咚喀咚 喀咚……

 喀咚

那天，在開往家鄉的列車上，
我咳得很難受，好不容易才沉沉
睡去，往事一一浮現……

蜜蜂和螢火蟲

某個星期天,我們全都坐在餐桌邊。

爸爸搓搓鬍鬚,看著天空(其實是天花板)說:

蘿蒂

我們衷心感激身旁有家人也有食物。願蘿蒂找到柔軟的雲朵安眠,願烏蘇拉重新找回自己的聲音。感謝蜜蜂,為我們的日子增添甜蜜。

然後,我們去採收蜂蜜、察看蜂巢。

希望不要長黴菌。蜂群和女王蜂要健康才行。該換新的女王蜂了。

原本的女王蜂會去哪裡?

在蜜蜂天堂安息。

16

夜幕低垂 降臨在 緩緩 牛角麵包樹小鎮……

這是我的媽媽。她不開口說話,我還記得她以前很常笑,會跟我們說很有趣的故事,喜歡唱歌。可是幾個月前,我們埋葬了小妹蘿蒂,從那時開始,媽媽就變得很安靜。悲傷像是一根扳手,緊緊關住她的聲音。如果她有什麼話要說,會寫在紙條上,揮來揮去,直到我們發現。就像這樣:

烏蘇拉・翁沃可
我的媽媽

我們坐在庭院裡,欣賞螢火蟲的演出。

不過,馬丁看著螢火蟲時很驚慌,牠拉開嗓門,像狼對著月亮嚎叫:

這隻鵝是我的朋友，是鄰居克里米家送給我的，因為我把牠從狐狸的口中救回來。那時，狐狸正叼著牠溜過結冰的河，要帶回去當午餐。

我給牠取名叫馬丁。媽媽以前跟我說過一個故事，有個男孩騎在鵝背上，飛到世界各地旅行，那隻鵝的名字就叫馬丁。

我夢想和馬丁一起四處旅行，也一直在等待機會，這個機會很快就會出現，但是，和我想像的完全不一樣。

叩叩叩！誰在門外？

那是1941年6月14日的黎明，我們睡得很熟。忽然間，吠叫的狗　　　　　打斷我們的夢。一隻、兩隻⋯⋯最後，一整群狗都在叫。吠叫聲愈來愈大。

你還記得吧？大鵝馬丁　前一天晚上很不安，牠一定察覺到有什麼壞事即將發生。有人用力拍打大門，我們跳出被窩，小鎮上的狗都在狂吠。這不是夢⋯⋯媽媽、爸爸、達莉亞和我一動也不動（馬丁躲到床底下），等待著接下來要發生的事。我們家的門並不牢固，很快就被撞開，兩個蘇聯士兵闖了進來，我們的鄰居蓋姆澤先生（這個名字就是個沼澤）也跟著進來。其中一個士兵命令我們兩兩並排站好，還把馬丁從床底下拖出來。他們動作又大又急，對我們又推又罵。我們害怕得全身發抖、牙齒打顫。

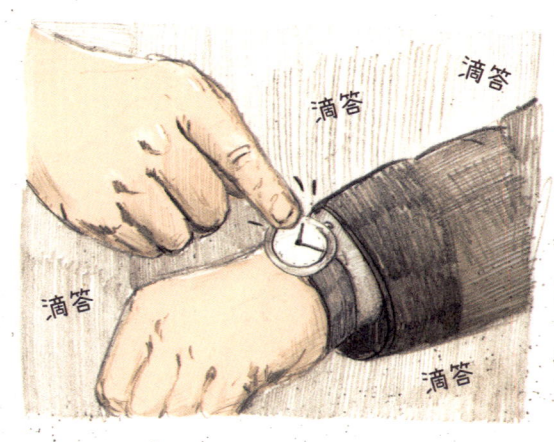

媽媽拿出一件漂亮的洋裝，
爸爸換上星期天才穿的那件
最好的西裝。

他們從小受到的教育
就是外出時一定要
衣著得體……

我們的鄰居蓋姆澤先生的臉紅得像甜菜根，
他大吼：

蠢蛋！
你們又不是要去
拍全家福！

媽媽幫我們把衣物打包進行李箱,也把蘿蒂 ✝ 的白色洋裝輕輕撫平,放在上面⋯⋯

達莉亞把奶奶親手織的彩色毯子從床上拉下來,當作披肩,包住自己。我東翻西找,想不到什麼一定要帶的東西,這時,馬丁把桌上的家庭相簿咬過來,藏在翅膀下。解決了,我已經準備好要帶上路的東西。爸爸悄悄走去地下室,帶著滿滿一籃蘋果回來。

爸爸就是這樣,就算是全副武裝的士兵也嚇不倒他。

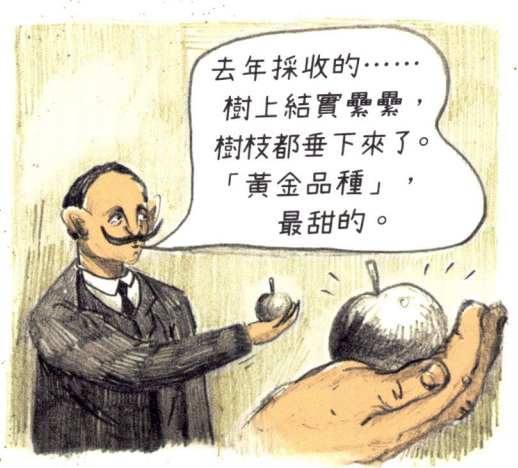

出發——噠噠、噠噠、噠噠

於是，我們離開了。太陽升起，又是美好的一天，我們在噠噠聲中上路，四周安靜得很詭異，就連鳥和蟋蟀都沒發出一點聲音。我們的農場很快就消失在視線裡。一路上，士兵也把卡達涅太太押上車，接下來是帶著小寶寶的尤尼丘斯一家。最後，載了一車滿滿的人，我們家最強壯的馬——三葉草幾乎都要跑不動了。　無論如何，我們還是繼續前進，既悲傷又沉重，暗自希望這些士兵會意識到自己犯了錯，准許我們回家。

我忽然好想吃一塊牛角麵包，不過，達莉亞打斷我的念頭，要我別想。當下我有預感，下次再有機會吃到牛角麵包，應該要等到很久以後了。從今天開始，我們的生活已經不同，不可能像以前一樣。我的鵝─馬丁把頭靠在我的肩膀上，啄啄我的耳朵，要我勇敢一點。我用盡全身力氣，緊緊抱住達莉亞。通常，她早就用力扯開我的手，對我大吼「滾開！」但是這一次，她只是輕輕拍著我的背。

達莉亞，我的姊姊，非常奇異的生物。
皮膚被太陽曬得黑黝黝，頭髮又蓬又捲，總是用剃羊毛的剪刀，喀嚓喀嚓，自己把頭髮剪得很短……
達莉亞出門在外微笑的時候嘴角會往下，她說她是笑給老天看的。大家都叫她男人婆。我想她連一件洋裝都沒有，真的是怪咖。這就是達莉亞。不過，我很了解她，她只是假裝強悍，其實她很纖細敏感，半夜裡看書都會掉眼淚。

達莉亞・翁沃可

我的姊姊

月亮全都看在眼裡

馬車搖搖晃晃，沿路嘎嘎響，好像隨時會解體。真的解體該有多好，這趟改變命運的旅程就能在來不及挽回之前結束。車上已經沒有空間載更多人，看來，我們的目的地是火車站。

忽然，我看到遠方有個熟悉的身影，我的心跳都要暫停了。♥ 不！不！不！拜託不是她！我想大叫，但是聲音卡在喉嚨出不來。那個人不該跟著我們上車，那個人跑向我們，還帶著一籃子書。我好愛那個人……

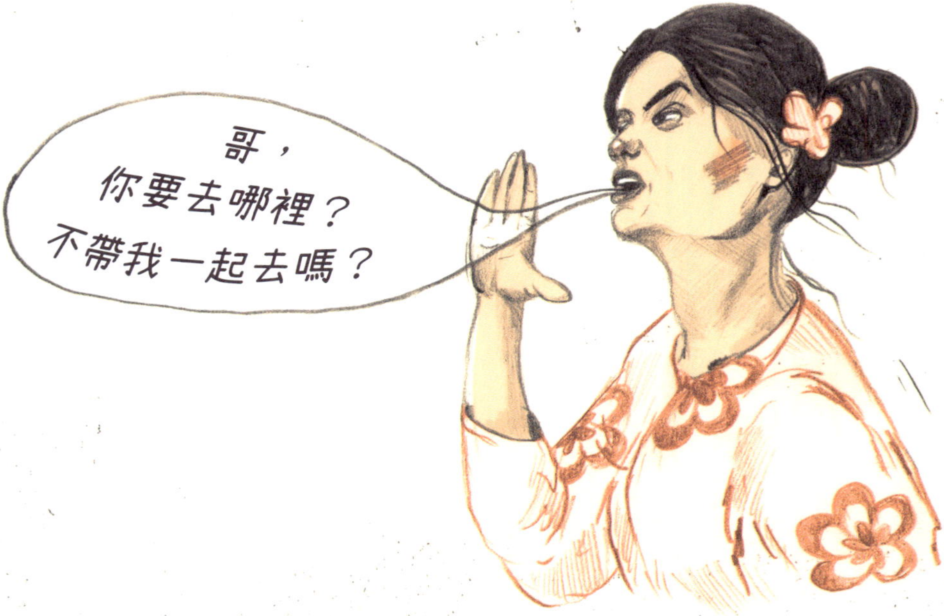
哥，
你要去哪裡？
不帶我一起去嗎？

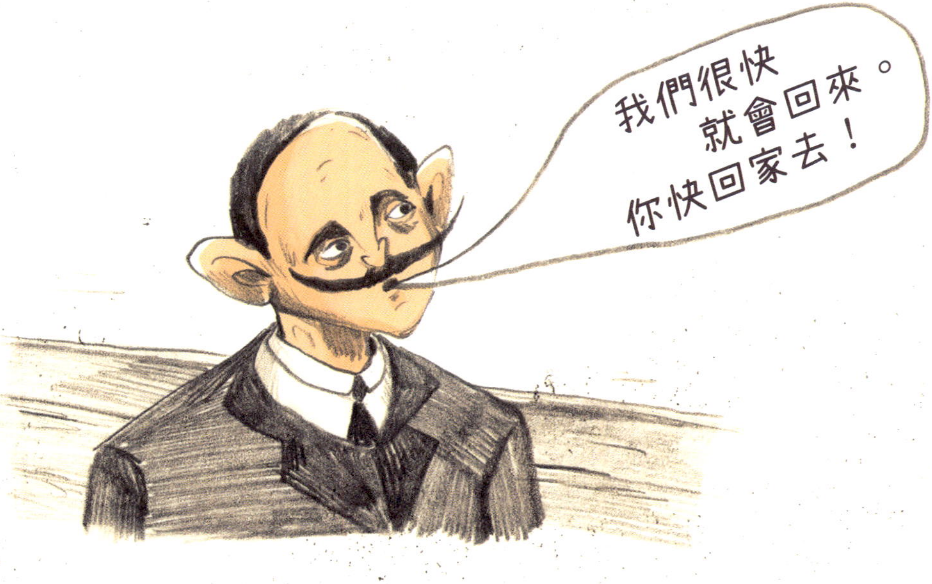
我們很快
就會回來。
你快回家去！

佩卓妮列姑姑

我爸爸的妹妹，很特別的人，收藏很多書，家裡有一座圖書館。任何人都能跟她學認字，她很好客，和她聊天，會覺得自己彷彿去到世界各地旅行……一直以來都有很多男士追求她，不過，她像風一樣自由。

佩卓妮列姑姑會用各種花和植物的根製作染料，染好的布就掛在樹上晾乾。早上醒來人們會發現小鎮變美了，因為到處掛滿了五顏六色的旗子。啊，我差點忘記說一件最重要的事。她對日本非常著迷，上輩子一定是日本人。

佩卓妮列姑姑試著要爬上馬車，士兵不斷推開她，媽媽也用手勢暗示她快走，但是滿頭大汗的佩卓妮列姑姑最後還是爬了上來。士兵大笑，把她帶的書丟到路上；不過，他們沒發現她還藏了一本紅色封面的書在胸口。

從那天起，任何紅色封面的書都會讓我回想起那個早上，也想起日本俳句。那天是我第一次聽到俳句這個字，聽起來就像咒語。

俳句……其實是一種日文詩。我們很快就會開始寫自己的俳句……

俳句啊。

狗吠叫
劃破清晨
月亮
在哭泣

那是這本書寫的嗎?

不,我自己編的。這本書是用日文寫的。

某個環遊世界的人從日本帶回這本書。

你會說日本話嗎?

馬車上人們小聲交談著，猜想士兵要把我們送去哪裡。有人說是維爾紐斯，那是立陶宛的首都；也有人說是西伯利亞，沒有比西伯利亞更遠的地方⋯⋯如果月亮不算的話。雖然早晨的太陽大放光明，月亮卻用蒼白的眼睛緊盯著我們。

鳥，禁止！

離開牛角麵包樹小鎮之後，我們被載往一個大一點的
城市，然後繼續前往諾尤伊維爾納，這個地方距離
我曾經去過的維爾紐斯不遠……我想找格迪米諾山上
的那座塔，卻怎麼找都找不到。火車站像蟻丘一樣，
人們列隊走進鐵軌上的車廂，爸爸說那些車廂
是載牲畜的貨車。動物在車廂上只能全程
站得直挺挺，我們的車廂有特別改裝：兩面牆上有
一整排雙層木床，但是不夠我們所有人使用，我們
只好輪流；從那一刻開始，我們就要學著分享
所有的東西。車站的士兵也把一個個家庭分組，
把男人分出來，要他們站成一排。
據說他們會被送去勞改營。
我腦袋裡浮現爸爸
身穿囚犯的條紋衣，
肩膀上扛著大袋子。

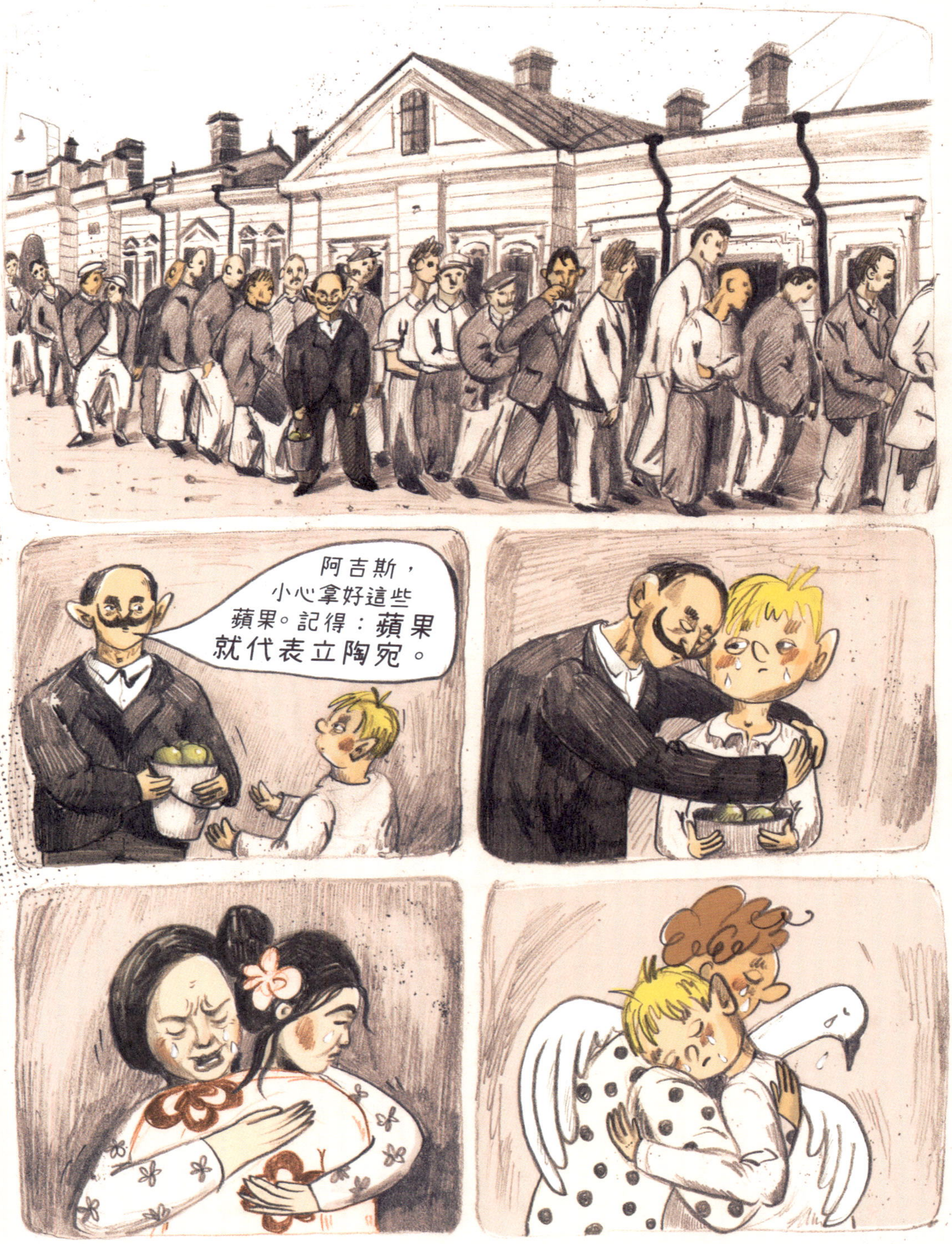
阿吉斯，小心拿好這些蘋果。記得：蘋果就代表立陶宛。

爸爸，他是鎮長。每個人都敬愛他，不只因為他的地位，也因為他的好性格，他總是面帶笑容，捲著他的八字鬍搓呀搓。

爸爸喜歡騎馬，他很早就會起床，騎上馬去野外，他說每天早上都要去迎接太陽。他也是養蜂人，會把蜂蜜分享給所有人。蜜蜂絕對不會螫他，他會用小指頭撫摸蜜蜂，彷彿牠們是春天冒出新芽的銀柳。他也教導我們奇蹟就在身邊，要用心看。

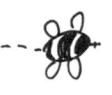

羅姆斯・翁沃可
我的爸爸

我們的鄰居波嘉‧克里米太太正在和蘇聯士兵爭執，她堅持不和丈夫分開，因為克里米先生是盲人！士兵看起來很火大，罵個不停，他們聽不懂克里米太太說的任何一句話。最後，士兵命令他們兩個消失在他們眼前，克里米太太照辦，她也帶著女兒薇樂蒂一起走。喔不！現在士兵點到我們了！

姓翁沃可的！

烏蘇拉！　達莉亞！　阿吉斯！

車廂門邊的士兵
指著馬丁：

噗啼哽，禁止！

禁止帶鳥嗎？什麼意思？

於是士兵

呯！
呯！

就這樣
我的鵝死了。

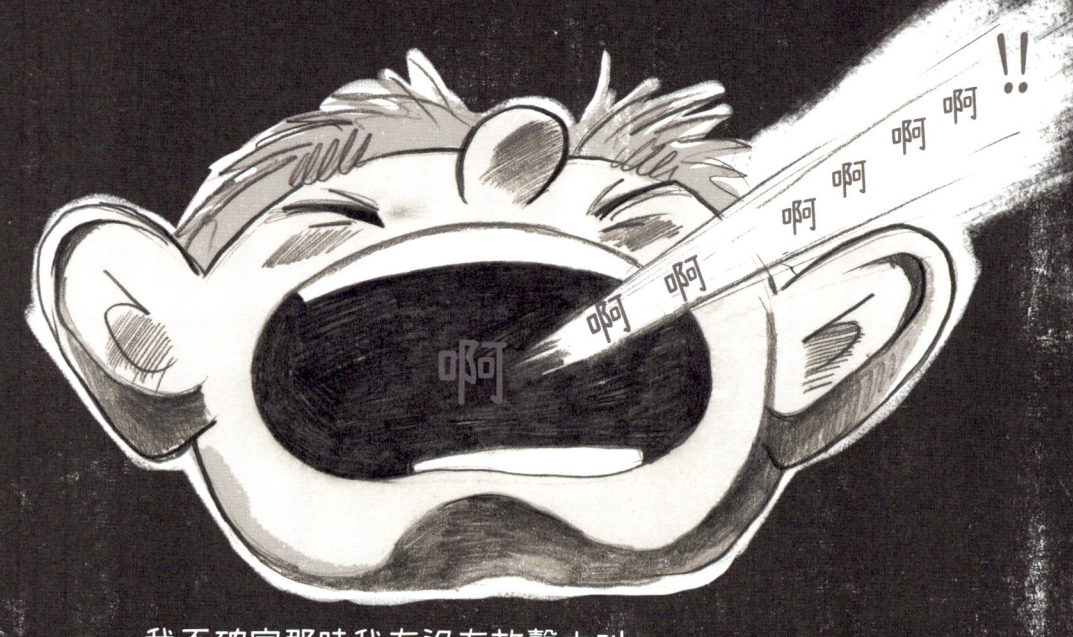

我不確定那時我有沒有放聲大叫……
還是像媽媽那樣，只有內心在尖叫。我想不起來了。
但是我感覺到一對翅膀，將我溫柔地抱緊。
我看見馬丁的靈魂，祂看起來很不錯，
對士兵給祂的紅玫瑰感到相當滿意。

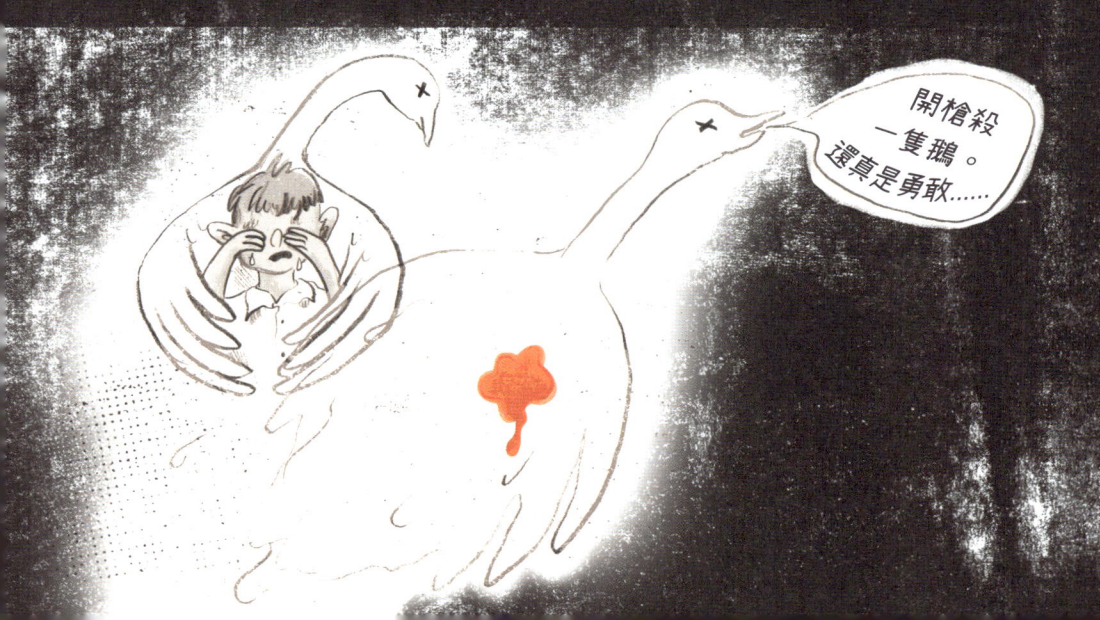

開槍殺一隻鵝。還真是勇敢……

我們被塞進車廂，滑門大力關上。
士兵在門外大喊：

現在
嘶拜憩！
去睡覺！

有人翻譯說那是指：
「去睡覺！」

我們真的是筋疲力盡，但是一絲絲睡意都沒有。
一開始，我們被一大片黑暗籠罩，但是漸漸可以看到
人的輪廓浮現出來。我感覺自己好像走進夜晚的教堂，
聽見微弱的禱告聲。我們的眼睛瞪得又大又亮，
像是擱淺在海岸上的魚。

有人要我們寫信

有些人坐在地上,有些坐在雙層床上,火車還停在原地不動,我們的人生也停了下來,會這樣持續多久呢?忽然,我聽見敲打聲。

叩叩　叩叩　叩叩

我們之前根本沒有發現的一扇小窗戶打開了,一道陽光射進黑暗之中。有一隻手拿著一疊紙和幾枝鉛筆,伸進車廂。

有人悄悄對我們說：帶著這些紙上路。

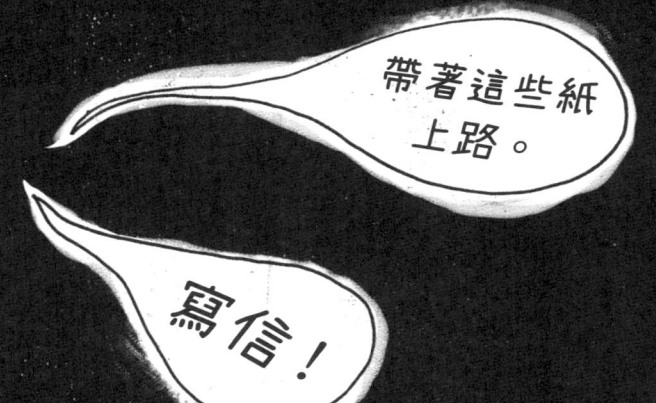

寫信！

「你是哪位？」有人問。

我是安潔拉，我是郵差。

戰爭開打了，他們應該不會把你們送去太遠的地方。

要堅強點！願上帝與你們同在。

我不能離開工作崗位，剛剛是從窗戶溜出來的，我得回去了！

說完，她就跑走了。

郵差安潔拉

我從來沒有看到過她,但在那次之後,我常夢見她。在夢中,安潔拉會從非常高的建築上跳下來,裙子像降落傘一樣撐開,然後輕巧降落到地面。我也常聽見她唱歌,聲音就像銅鈴在寧靜的夜裡響著。

叮 叮 叮……

車廂裡的空氣不夠，士兵還把唯一的窗戶關上，他們一定是害怕我們變成蒼蠅嗡嗡飛走。不過人類需要空氣才能呼吸，才能活命。我們大喊：

空氣！

空氣！！

空氣……

空氣！

空氣……

我們需要空氣！

士兵用他們的步槍用力敲打車廂，大吼：

閉嘴！你們想怎樣？

車廂裡的空氣愈來愈稀薄，不過，火車忽然……動了起來。

啟程——阿努達外！快快快！

喀咚、喀咚、喀咚……　　　喀咚、喀咚……
玫瑰奶奶招手要我們去窗邊看家鄉最後一眼，不知道什麼時候才可以再見了。無論如何都要讓這扇窗戶開著，不然，我們怎樣跟家鄉道別？
黃昏的陽光照在我們身上，溫暖且溫柔的光線撫摸我們的臉，安慰著我們……

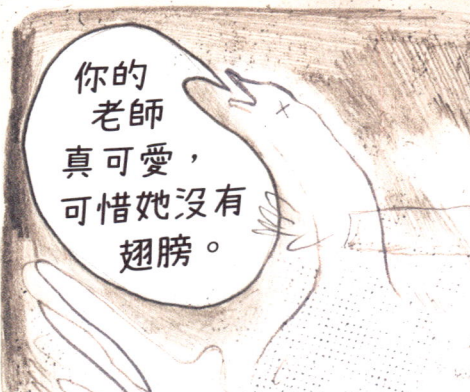

喔，阿吉斯，我們又見面了！	之前你都不來參加合唱團的練習。現在我想再組一個合唱團，就在火車上。你願意幫我嗎？

你的老師真可愛，可惜她沒有翅膀。

其實她有……

齊蒲蒂老師

她是我們這些小孩最愛的老師，優雅美麗，而且非常善良，脾氣很好，像小孩一樣愛玩。有時，齊蒲蒂老師會在放學之後跟我們比賽跑回家，她會拉高裙子、咬著長長的辮子跑。她邀請每個人加入合唱團，甚至說服老愛擺臭臉的校長加入。她會唱的歌有好幾百首，也會自己寫歌。而且，還會彈吉他。我記得她很愛唱這首歌：

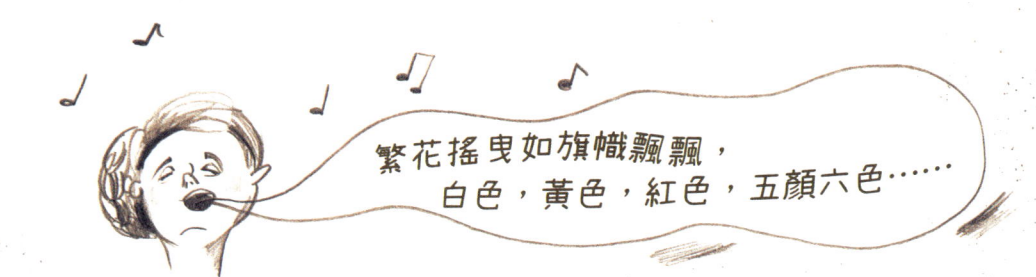

繁花搖曳如旗幟飄飄，
白色，黃色，紅色，五顏六色……

我們坐挺起來準備唱歌,老文森開始拉小提琴。

老文森→

喔不!這首歌太悲傷了!

親愛的文森,來一首輕快一點的,讓我們忘記眼前的事。

盡量唱吧!還搖頭晃腦咧!之後會怎樣,等著瞧⋯⋯

負能量小隊→

負能量小隊

齊蒲蒂老師都這麼叫他們。他們賊頭賊腦，感覺又黏又滑，面貌模糊，沒有個人特色。他們是一群說話帶刺，對任何事都要抱怨、咒罵幾句的人。他們絕對悲觀，對他們來說，杯子裡永遠只剩下半杯水。可怕的是，我們在人生的某個階段，都有可能變成這樣的人，只要沾上這種習慣就很難甩掉，像鬼針草的刺一樣……

負面的想法

這個車廂塞了將近三十個人：

我

媽媽

達莉亞

佩卓妮列姑姑

齊蒲蒂老師

玫瑰奶奶

老文森

博堡木爾太太和她的兒子布魯

還有其他人，我想不起來了。啊，泰島美太太和她的小孩也在車上，她哭個不停，一直說都是因為他們家的姓，害他們這麼倒楣。

我很喜歡我們家的姓，你聽：阿吉斯・翁沃可，應該有聽見蜜蜂飛過的聲音吧？我可沒有時間哭，還有好多事要做。

蘋果的氣味

我得把蘋果咬成一小塊、一小塊，放在車廂中央的白色床單上風乾，床單是我的鵝馬丁幫我攤開的，風乾的方法是跟媽媽學的，每到夏天，她會在閣樓上把藥草風乾。

不過，同車的人一直踩到蘋果，抱怨車廂裡的空間實在太小。

整趟旅程，蘋果的香氣在車廂內飄散，雖然也聞得到霉味，但蘋果的氣味更明顯。或許就是因為這樣，即使身在黑暗和愁雲慘霧裡，我們的心還能保持明亮。

我們將所有的籽都放進一條小手帕裡，好好收著，玫瑰奶奶說這是「未雨綢繆」。

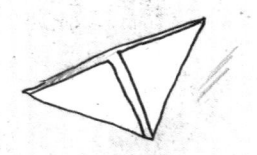

車上的人開始寫信，寫完就在小窗戶邊排隊，
輪流將信丟出車外。
我可以想像郵差安潔拉在火車後面撿這些紙飛
機，以免它們被風吹散……

媽媽寫信給她的哥哥——亞馮薩斯舅舅，
看得出她很專心地思考該寫些什麼。

親愛的哥哥：

　　你應該已經知道出了什麼事。我們被驅逐出立陶宛。羅姆斯和我們在諾允伊維爾納的時候分開，阿吉斯和達莉亞在我身邊，佩卓妮別也是，大鵝馬丁被士兵射殺。我們不會放棄希望，但情況看來很糟。

　　親愛的哥哥，你是讀書人，穿燙平的長褲、打領帶，一定可以想到救我們的方法。
　　無論多久，我們靜待佳音。

愛你的妹妹
烏蘇拉

亞馮薩斯舅舅

媽媽的哥哥，住在維爾紐斯。

他是律師，家裡有滿滿的書和畫，一些重要的人會在他家聚會，有作家和藝術家。我和媽媽去過他家一次，我黏在打字機前，坐在大書桌旁那張嘎嘎響的椅子上，連續幾個小時，晃著雙腿，敲打鍵盤，沒有人能把我拖走。

那天我寫下這輩子的第一首詩，

寫我舅舅，寫他聞起來

有舊書和巧克力的味道。

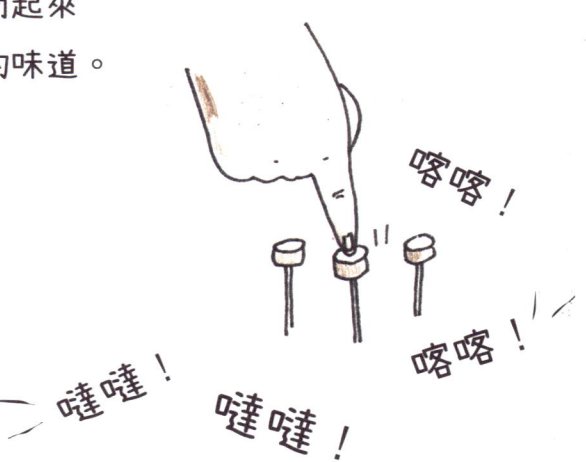

哭笑不得

佩卓妮列姑姑和齊蒲蒂老師想盡辦法要讓大家的心情好一點,她們把媽媽摟在懷中,開玩笑說:

> 我們是離家追尋幸福的三朵姊妹花……

布魯的媽媽——博堡木爾太太的臉垮了下來:

> 不要再裝瘋賣傻了!你們怎麼還笑得出來?

> 不笑,難道要哭嗎?

齊蒲蒂老師笑嘻嘻回嘴。

> 你是老師!但我可不是你的學生!

玫瑰奶奶帶了幾包藥草在身上，
正忙著調配藥方

玫瑰奶奶，給我媽媽一點藥，她發不出聲音……

她會再開口唱歌，不過是悲傷的歌。

達莉亞拆開奶奶織的毯子，
然後把毛線捲成一顆顆小球。

有事能忙都是好事。

她這麼說

看著那條毯子在我眼前消失，感覺很難過。
我還記得奶奶坐在蘋果樹下的小椅子，織這條毯子的模樣。達莉亞掉了一顆紅色毛線球，一路滾到我這裡。我沒多想，撿起來丟出窗外，像他們把信丟出去一樣。或許鬆開的毛線會幫助郵差安潔拉找到我們……
但是達莉亞完全無法接受我這麼做，她像是被蜜蜂螫到，跳了起來：

那些毛線很重要！
可以保暖，
讓我們活下去！
你竟然只想拿來玩！

佩卓妮列姑姑拿出編織用的棒針，遞給達莉亞。

達莉亞，要記得：
用針編織很簡單。

用美好的心意編織，
就難多了。

要怎麼用美好的心意編織呢？首先，要想著十個美好的字，你的心意就會被你編織進去。

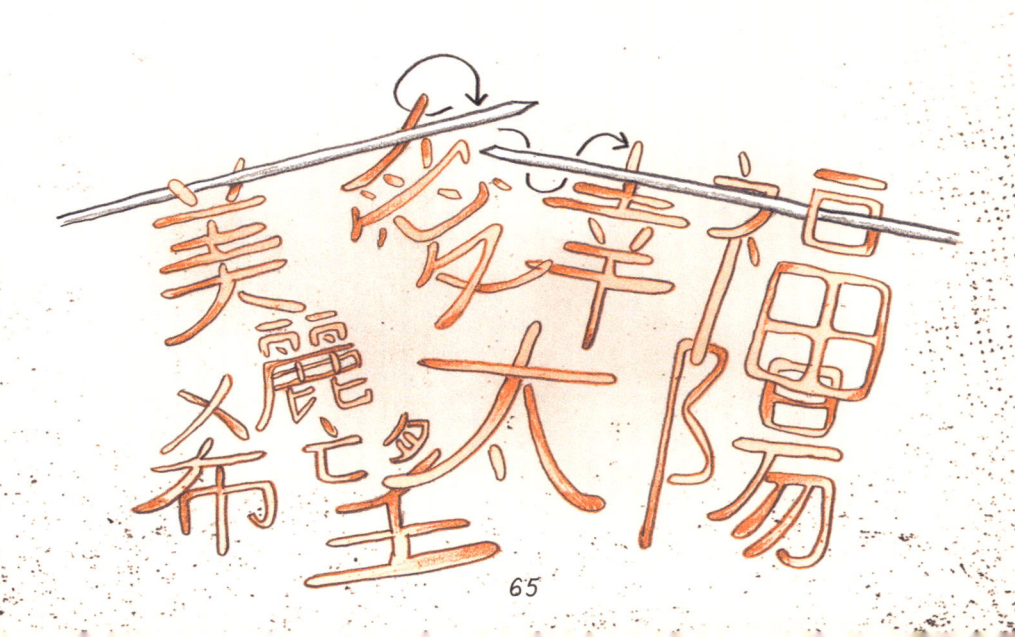

火車下

火車有時候會停下來，接著，就能聽見士兵大喊：
他們推開滑門放我們出來，
讓大家到火車底下去解放。

> 阿努噠外！ 快快快！
> 出來尿尿！

人數太多，每個人都得蹲下來，
實在很難移動。我們很喜歡那些暫停的時間，
因為我們可以在火車底下聚會。今天應該是出發後
的第三天，我就是在這個時候看見薇樂蒂蹲在那裡。

薇樂蒂

我們鄰居克里米家的女兒。鵝就是他們家給我的。薇樂蒂和我有一個特別的共同點：我們在同一天──五月十五日出生。和我們在同一個車廂前往西伯利亞的玫瑰奶奶，是我們小鎮的助產士。當年剛接生完克里米家的寶寶，就趕往山丘下的翁沃可家，那時，即將來到這個世界的我，已經在「敲門」了。薇樂蒂可以說是我最好的朋友，雖然她在學校不理我，把我當隱形人，不過放學之後，我們都玩在一起。

我毫不猶豫邀請她加入我們的合唱團，
她的回覆是：

你瘋了嗎？
快去領粥，不然就沒有了。
你有桶子……合唱團？
不要搞笑了……

我垂頭喪氣走去領粥，尾巴夾在腿中間，
不過，還是忍不住大聲回嘴：

再見！
記得寫信
給 我！

薇樂蒂對我露出她
最燦爛的笑臉：

地址怎麼寫？
隔壁車廂嗎？
你餓到眼冒
金星了……

我帶著粥回到我們的車廂，想像我的桶子裡裝著滿滿的星星……當我正要爬回火車上，又聽見她的聲音：

你知道自己要去哪裡吧？

我小聲地自言自語：

去月亮啦。還有哪裡比月亮更遠……

嗯

嗯

嗯

你們很快就會連作夢都想吃這樣的粥了……光是想到就會流口水。吃光吧，孩子們，這是為你們好。

山脈

布魯

或許生在博堡木爾家對布魯來說有點無奈吧,小孩子們老是拿他的姓「木耳」開玩笑。不過,他這個人還不錯。他讀很多書,也懂很多事,戴著一副眼鏡,話不多,活在自己的小世界。布魯的父母養豬,製作香腸和培根……
不過,布魯從小就不肯吃肉。他是獨生子,都和豬玩在一起,那些豬就像小狗一樣跟著他四處轉。

布魯是第一個看見山脈的人,他一直在那扇小窗戶邊往外看,我看他說不定都沒有睡覺。不只布魯一個人被山脈深深吸引,車廂裡所有人都急著要擠去窗邊,只為了能看上一眼。

綿延的青山,峰峰相連⋯⋯

高低起伏到天邊⋯⋯

我做夢也想不到可以旅行到這麼遠,還不用錢,真爽!

哈哈!
哈

路邊有一整排飢餓的村民，伸出顫抖的手向我們乞討麵包。他們像是在唱歌，我們對這首歌還感到很陌生，不過，很快也會變成我們的歌：

> 給點吃的，**給點吃的**，我們需要東西吃！

> 給點吃的，給點吃的，我們沒有東西吃！

> 給點……

我想把手上剩下的培根和麵包給他們，但是大人阻止我：

> 留著吧，誰知道之後會怎樣？

> 我們吃掉吧。

有人把培根切一切，大家分著吃。玫瑰奶奶忙著搗碎藥草，用來驅除蝨子。從這一刻開始，這些寄生蟲就對我們不離不棄。

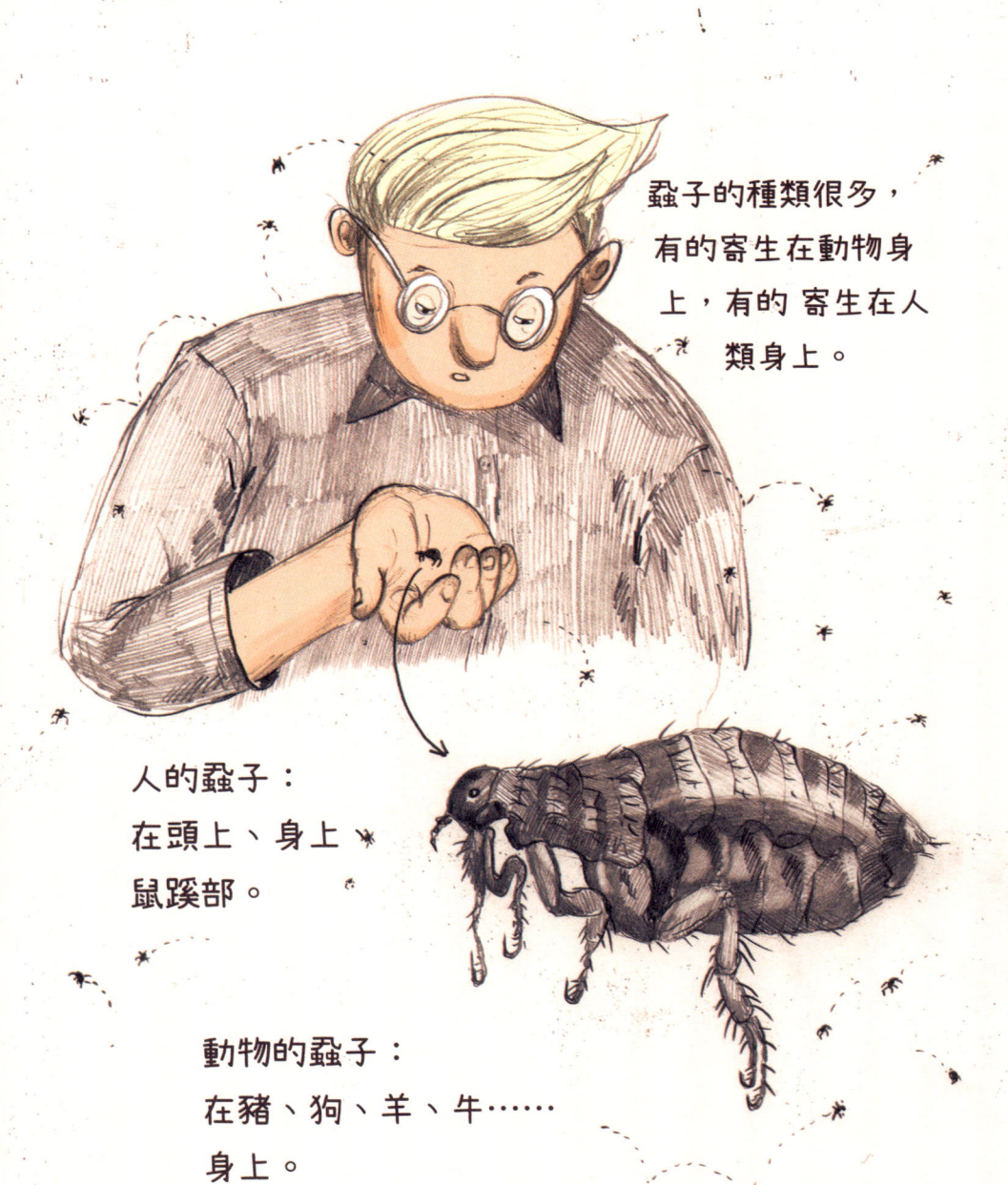

蝨子的種類很多，有的寄生在動物身上，有的寄生在人類身上。

人的蝨子：
在頭上、身上鼠蹊部。

動物的蝨子：
在豬、狗、羊、牛……身上。

不只有蝨子，還有跳蚤……

巴爾瑙爾

我們出發到現在,好像已經過了一輩子。終於,我們抵達某個地方。外面有人大喊:

> 巴爾瑙爾

> 巴爾瑙爾

> 終點站!

這裡是最後一站,不過看起來絕對不是月亮。有一整排士兵在月台邊戒備,每個車廂前至少有十個士兵,我們一下車,他們馬上就像影子一樣黏上來。

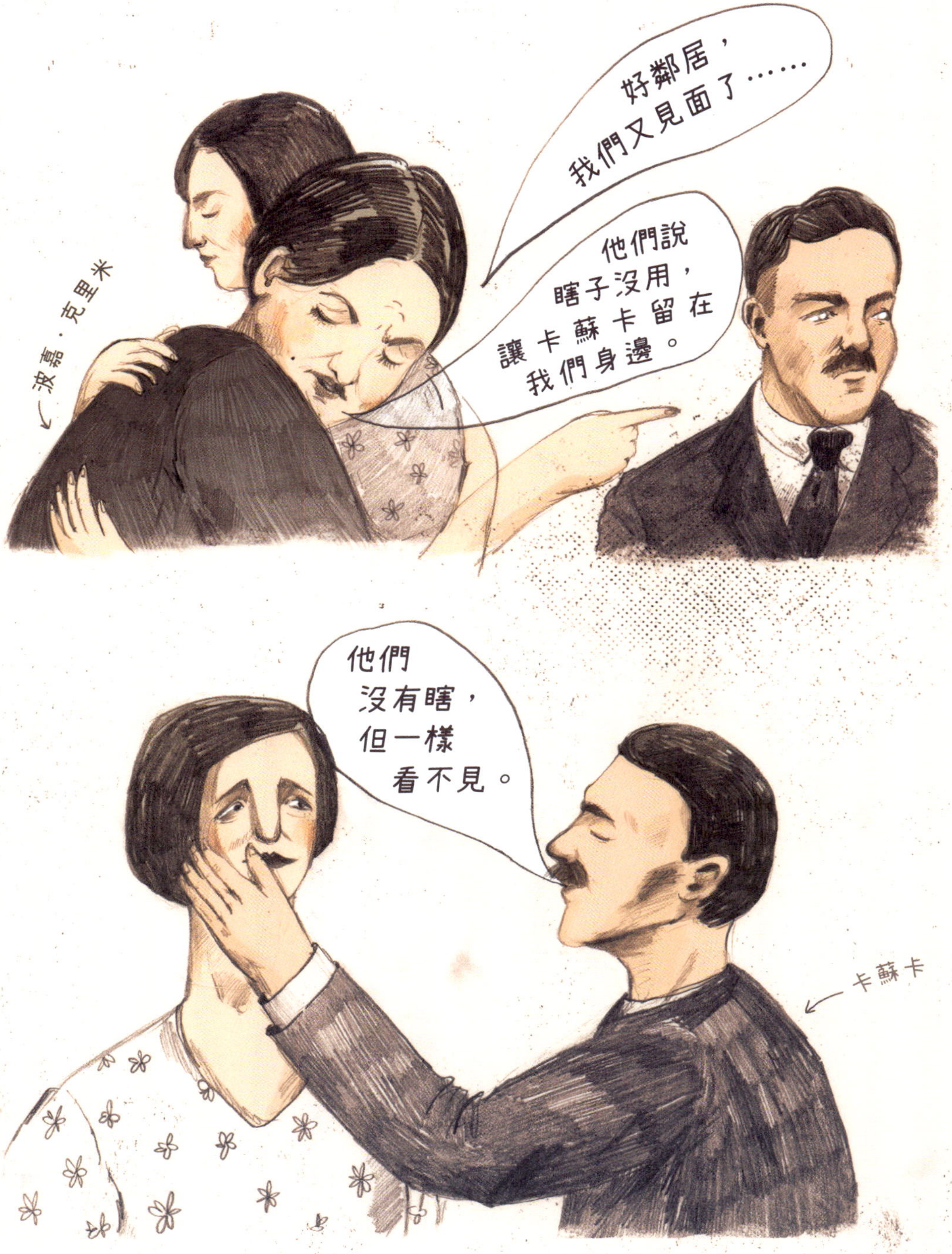

波嘉．克里米
好鄰居，
我們又見面了……
他們說
瞎子沒用，
讓卡蘇卡留在
我們身邊。
他們
沒有瞎，
但一樣
看不見。
卡蘇卡

波嘉・克里米夫人

薇樂蒂的媽媽。裁縫師。我常看見鎮上的女士為了訂做服裝專程跑去她家，有些人還是丈夫開車載去的。佩卓妮列姑姑的日式和服也是她幫忙設計的。克里米夫人生在海邊，關於大海的事都是她告訴我們的。因為結婚，她才像波浪一樣上岸，來到牛角麵包樹小鎮……

但是，她英俊的丈夫卡蘇卡先生為了處理蘋果樹上的蟲窩，弄瞎了眼睛……蟲窩的粉塵直接扎進他的雙眼，不到一年，他就完全失明了。

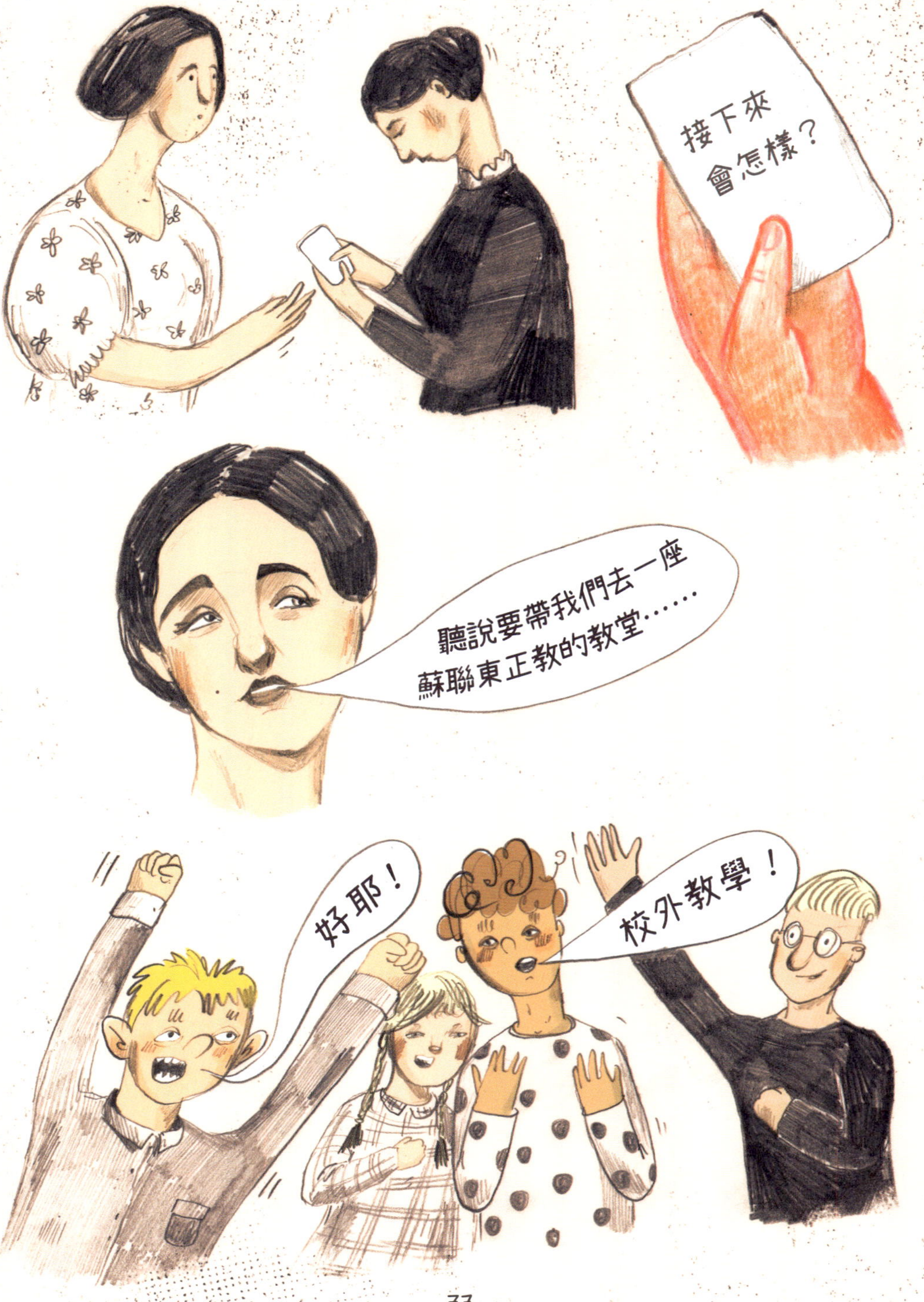
接下來
會怎樣？
聽說要帶我們去一座
蘇聯東正教的教堂……
好耶！
校外教學！

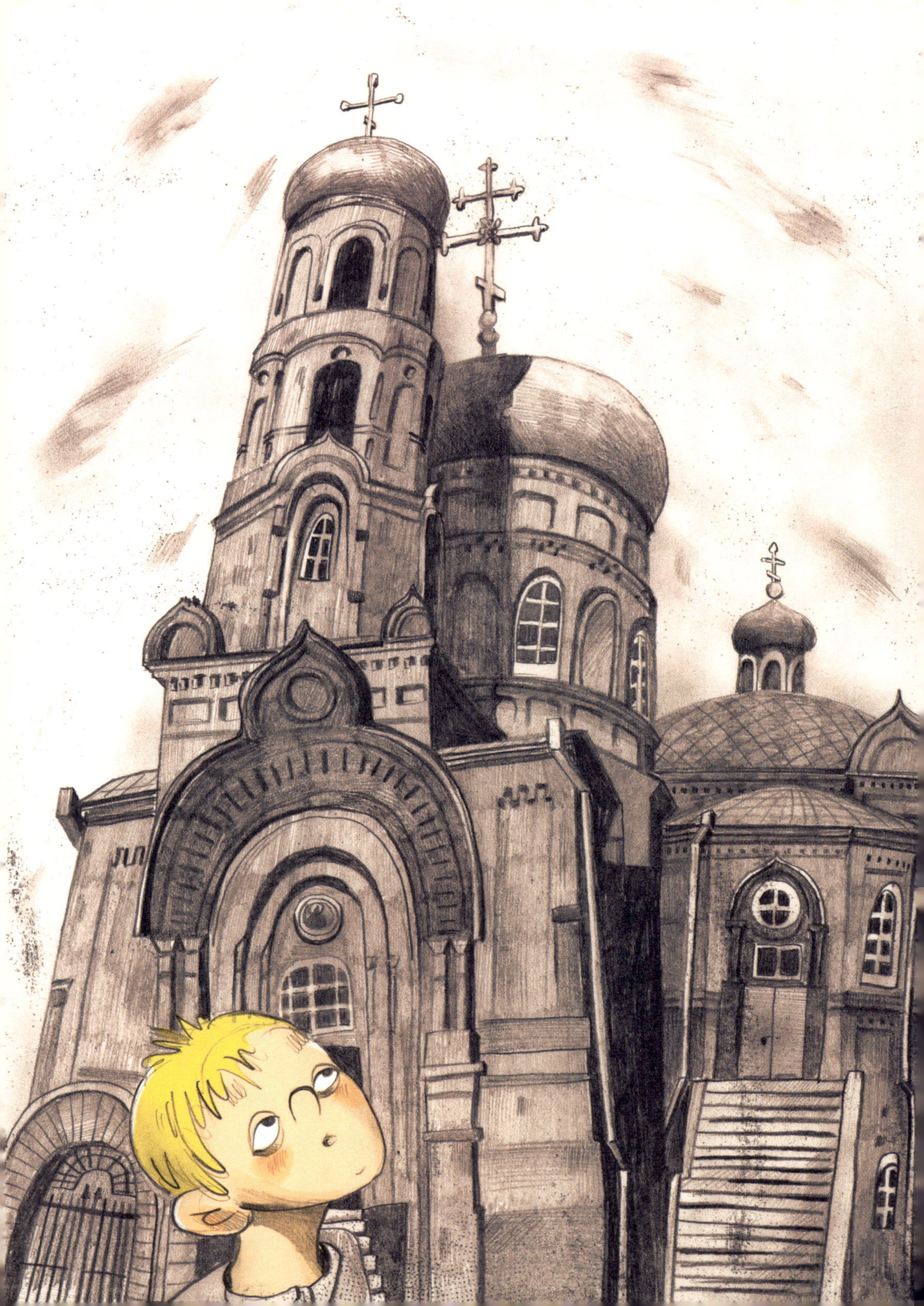

離開車站後，士兵像押送囚犯那樣，沿途用步槍催趕我們。

教堂裡到處是蝙蝠和蜘蛛絲，退色的木雕上蓋著被蛀蟲咬過的破布。

達莉亞小聲說：

上帝不住在這裡了……

然後，她就打了一個大噴嚏，翻攪的灰塵在光束下飛舞。

睡覺！

大家四處看，裡面有點擠。我們要在這裡住下來嗎？士兵又命令我們去睡覺了。

又來了？

我們很無奈，但士兵也不知道可以叫我們做什麼吧？我不想睡，畢竟，西伯利亞的冒險才剛剛開始。

正當我這麼想，教堂的門被用力關上，我們陷入一片黑暗之中。

隱形

我們完全無事可做,只能躺在冰冷的地上睡覺。大家緊緊靠在一起取暖。我夢見薇樂蒂穿著一件白色洋裝,在教堂的正中央唱歌:

慈愛的耶穌
慈愛的耶穌

我睜開眼睛⋯⋯她就在我面前!和我夢到的一樣。我抓住她的手,拉著她去外面。黑夜。有狗在吠。士兵包圍這座教堂,防止我們逃跑。

現在要做什麼?

我們就到處看看。

登登!女士請看!這是魔法斗篷!穿上就能隱形。

巴爾瑙爾這個城市看起來有氣無力，許多房子都荒廢了，破破爛爛的人行道上到處都是向日葵籽的殼。我們一直聽到很像羊叫的說話聲：

咩……咩！

咩……咩！

咩……咩！

薇樂蒂問我那個字是什麼意思。

如果我沒有記錯，那代表他們……很無聊。

這裡的人很無聊嗎？我們還在家的時候從來不會無聊。

我對她說:
你的手好軟。

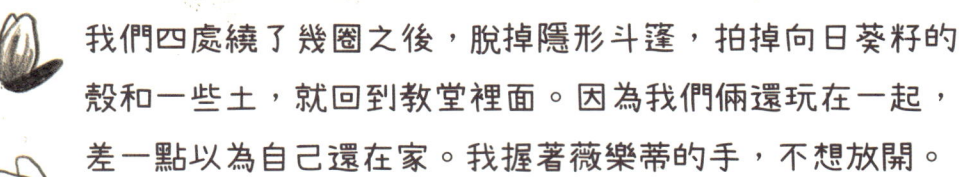

她對我說:
那是因為我的手也隱形了。

我對她說:
你的頭髮好漂亮。

她對我說:
那是因為你看不見。

我還有好多話想告訴她……

我們四處繞了幾圈之後,脫掉隱形斗篷,拍掉向日葵籽的殼和一些土,就回到教堂裡面。因為我們倆還玩在一起,差一點以為自己還在家。我握著薇樂蒂的手,不想放開。

「你……喜歡我嗎？」

「天啊！我不是這個意思。」

「你願意……加入合唱團嗎？」

「齊蒲蒂老師給你下了什麼咒啊。你真的是活在夢幻泡泡裡，像詩人一樣。」

她說得對。
我一定是個詩人，因為我真的活在夢幻泡泡裡，也曾經寫過一首很不錯的詩。說不定我下次會讀給你聽，不過天快亮了，士兵衝進教堂，再次對我們大吼：

「兩個兩個排好！」

「阿努噠外！快快快！」

之後我們會怎樣？這趟旅程還沒結束。

呃……餓斃……

真高興我們都在前面，可以待在一起！
在一起又怎樣，我們全都會像老鼠死在這裡。
流放！
死定了！
到此為止！
我們抓著一條繩子……
不停往下爬……
到河邊……

這條河非常巨大，河水都淹到岸上。蘇聯士兵說這是鄂畢河，我們幾個小孩跟著重複唸個不停，好像餓到語無倫次的人：

> 呃呃餓斃……
> ……
> 呃，餓斃了……

還有好幾個士兵在一艘小艇上等著我們，我們靠近的時候，他們丟出一塊窄窄的踏板到岸邊，那塊木板看起來簡直是鋼絲。看我們帶著大包小包的家當，戰戰兢兢走在上面，士兵全都一邊大笑一邊催促著我們：

> 快呀，耍特技的！

被流放的人們紛紛抗議，表示自己真的沒辦法走過那塊板子。然而，我們最後還是走著小碎步過去，全都上了小艇，只不過，幾乎每個人都弄丟了一些東西。
我掉了一隻鞋，還親眼看見一隻小鳥停在上面，搭著鞋子順流而下。

士兵又命令我們去睡覺了。

嘶拜憩！
去睡覺！

這個字，我們已經牢記在心裡。我們就地躺在甲板上睡，小艇開動了。

隨著晃動的水流入睡，感覺真不錯，好像躺在巨大的搖籃裡，我的眼睛慢慢閉上⋯⋯

我們家的馬——
三葉草在
原野上吃草
野花　一朵朵盛開
露珠滴滴　　答答　滴滴⋯⋯

忽然，砰！像是晴空萬里時響起一聲雷。我們四周什麼都沒有，只有濃濃的霧⋯⋯我們似乎撞上河岸的岩石，士兵氣得吐口水，女士們開口唱歌：

有一條小河叫忘川

忘了一切⋯⋯

最好等霧散去,這陣霧又白又厚重,簡直……像雪一樣。

克里米先生的眼睛瞎了,記得嗎?

是嗎?在我看來是黑到不能再黑!

阿努噠外! 快快快!士兵們再次大吼大叫,命令我們把小艇推回河裡。我找來一群人一起「一、二、一、二」!大鵝馬丁的靈魂也加入我們,祂的力氣似乎比活著的時候還大上兩倍。因為大夥同心協力推,小艇很快就滑進河水裡。霧散了,這時,我們第一次聽到幾個好聽的俄語:

嘶拜嘻吧!啵特,莫囉叭!

老文森翻譯說他們是在感謝、稱讚我們。

這裡很美……
這條河……
鄂畢河……
就像……
人生……深不可測。

↙ 船長

西伯利亞都是葵花籽的味道……

河岸

河上的旅程很有趣，這條河既寬闊又湍急，幫我們沖刷掉一些煩心的事。回過神來，小艇已經朝著岸邊前進了。我們張大眼睛看著，不知道自己會被帶去什麼地方，但眼前只有一個睡眼惺忪的士兵，手臂揮來揮去，像是在趕蒼蠅一樣。當然，他也沒忘了大吼：
當我們拿好自己的東西走下小艇，雨下了起來，一桶一桶往下潑。

阿努嗟外！
快快！

沒有車也沒有馬，就用雙腿走。你們這些臭德國佬，走去你們的新家吧！有十公里！

要我說的話……我覺得有一萬公里……

最後這一段路,簡直怎麼走都走不完。我們要背小小孩和老人家踩過爛泥巴,每踏出一步,都會往下陷。有些人摔得四腳朝天,怎麼樣都爬不起來。

你在哭嗎?

那是雨啦。
鹹鹹的西伯利亞雨水……

記得故鄉的雨嗎?
立陶宛夏天溫暖的雨水
又軟又甜……

不要浪費體力,
天要黑了,
我們得快點。

營房

我們才抵達營房,雨就停了。營房也是一種房屋,但牆壁和天花板都會漏水。有兩個衛兵在等著我們,他們說這裡從今以後就是我們的家,外頭有兇猛的狗看守,還說我們別想回去了。他們說我們是混蛋,還說我們是害蟲,從現在起,我們得賣力工作,讓**蘇聯**更強大。

我們等不及要進去新家,其中一個衛兵拿著手電筒往裡面照,我們看見各種不同的東西像雨甚至像冰雹一樣掉落,總之,不斷有奇怪的小蟲從天花板掉到地上。有臭蟲!西伯利亞的臭蟲看起來和立陶宛的臭蟲沒有太大的不同。

不過,

要是你被牠們咬到,會痛一百倍。

臭蟲雨紛紛
天空之門
開啟
這不是夢

地板上還有蜥蜴和草蛇 到處爬，而且，
每個角落都有一整群的蚊子。 在這麼骯髒的環境裡，
我們實在不知道該從哪裡開始整理。衛兵要我們把家當拿出
來，然後去睡。有個女士忽然從包袱裡抽出一條床單，撕成一
條條纏在手掌上，跪下去開始擦地板。
我們愣住了，不過玫瑰奶奶溫柔地阻止她，小聲對她說：

> 不要糟蹋這張床單，
> 好好收著，上面有家鄉的味道，
> 可以維持好一段時間。

我們躺在冰冷的地上，
之後我們才會自己做床——
大通鋪，我們都這麼說。

我們躺在馬丁輕柔的羽毛上,佩卓妮列姑姑跟我們說了一個故事:

從前,
有個住在
鄉村的日本人,
是個窮困
的詩人,
每天只吃
3粒米,
寫
3行詩,
小小幾個字蘊藏著深邃的宇宙。
告訴我,你在這片天空中
看見了什麼……

窮困的詩人啊……

天上有
閃閃發亮
的星星。

我們整晚睡不好，扭來扭去，想擺脫無所不在的蟲子無情的攻擊。

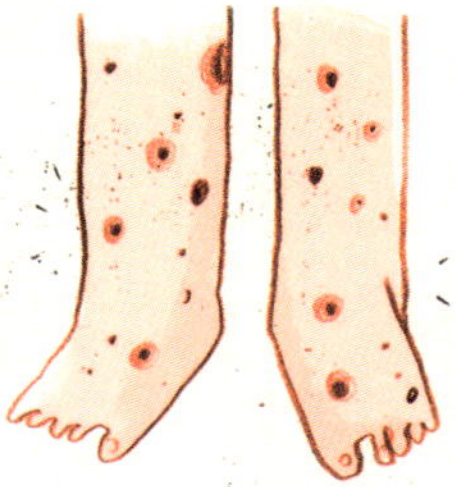

一早，大家都忍不住咒罵：

> 該死的臭蟲！

我們全身都是紅瘡，不過佩卓妮列姑姑就是可以把任何事都變得很妙，她換上一件新和服，上面有滿滿的紅點。
記得嗎？和服就是長度過膝的日本長袍。
大家跑出室外，那兩個衛兵帶著一隻狗，朝我們衝過來。

> 葡萄乾，過來！

← 杜斯勉堡指揮官

> 葡萄乾！
> 哈
> 那隻狗叫葡萄乾。
> 哈哈

> 葡萄乾一口就能咬斷你們的手。
> 或是頭。
> 啊姆！就沒了！

就在這個時候，葡萄乾舔著一位女士的手，不知道她是從哪裡冒出來的，看起來很親切，對我們這些小孩說：

葡萄乾，可囉喜……
乖狗狗。如果你們摸摸牠，
對牠好，牠就會把你們當篤嚕咯
（朋友）。我是瑪格麗特啾姬（阿姨）呀，
就住在那間矽泥洞……藍色的房子，
在這個村子裡就只有我家是藍色的。
小朋友啊，如果你們有什麼事需要
我幫忙，可以去找我……

她說什麼？

她是
瑪格麗特……
阿姨……
可囉喜……
篤嚕咯……
矽泥洞……

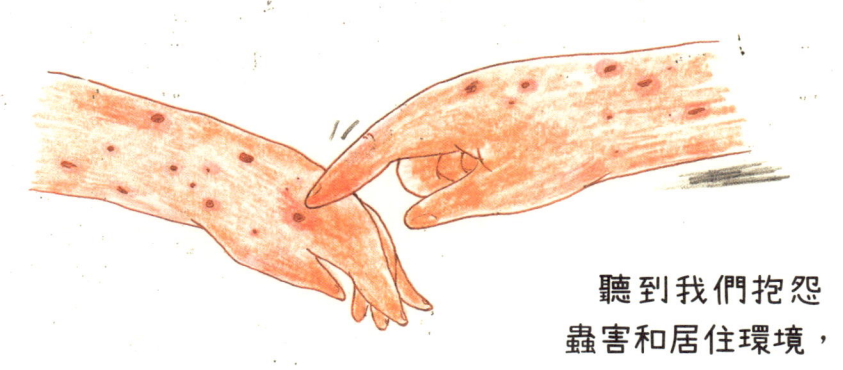

聽到我們抱怨蟲害和居住環境，衛兵先是瞪著我們，一句話都沒說，沒多久就拿消毒劑來我們的營房裡噴，像一陣旋風橫掃整個空間。他們告訴我們「處理好了！」，不過在地上奄奄一息的不只有臭蟲。

他們像蒼蠅一樣去了半條命。要怎麼跟上級交代？

不用擔心，還會有新的人進來。

挖壕溝

衛兵很快就把昏過去的人弄醒，接著開始教訓所有人。他們對我們又戳又推，要我們排整齊，指著我們罵個不停，不斷吐口水。

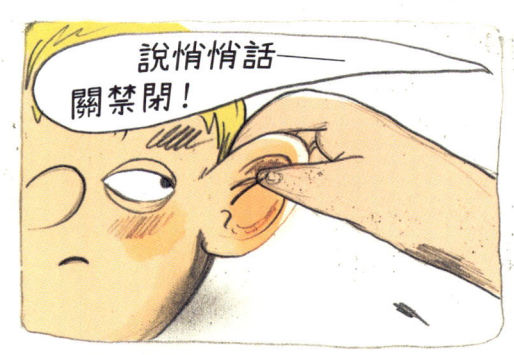

> 他們一早就閒閒沒事！

> 說悄悄話——關禁閉！

> 要是敢逃跑——絞刑伺候！

> 我是杜斯勉堡，找我領吐司和麵包；領馬鈴薯去找馬寧蘇同志，注意不要吃爛掉的馬鈴薯。

老文森說他們的名字聽起來像吐司麵包和馬鈴薯，於是我們都叫他們：

馬鈴薯同志和
麵包同志
　　兩個鬼見愁。

馬寧蘇　　　杜斯勉堡

流放者又開始唱起每天的聖歌：

食物 食物 給我們食物⋯

這時，馬鈴薯同志宣布認真工作的人才有東西吃，命令我們去挖壕溝。

各位女士，你們穿這樣是要去馬戲團嗎？

他們問我們有什麼工具，
大部分的人都從口袋裡掏出
一支湯匙。衛兵看起來很滿意，
補了一句：沒有湯匙的人，
可以用叉子。

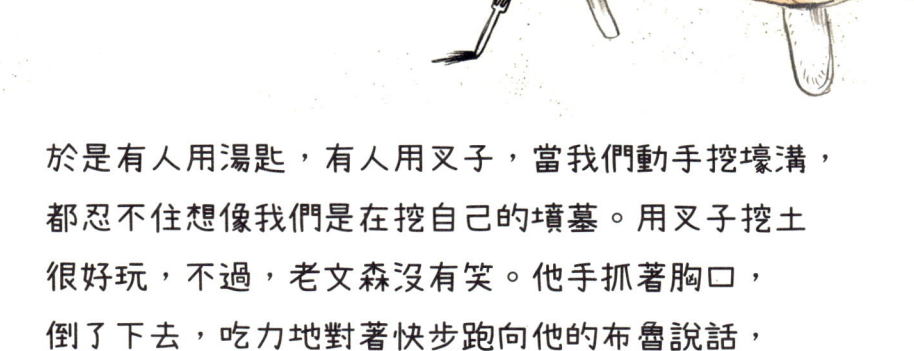

於是有人用湯匙，有人用叉子，當我們動手挖壕溝，
都忍不住想像我們是在挖自己的墳墓。用叉子挖土
很好玩，不過，老文森沒有笑。他手抓著胸口，
倒了下去，吃力地對著快步跑向他的布魯說話，
要布魯收下他的小提琴，
然後，就閉上雙眼。

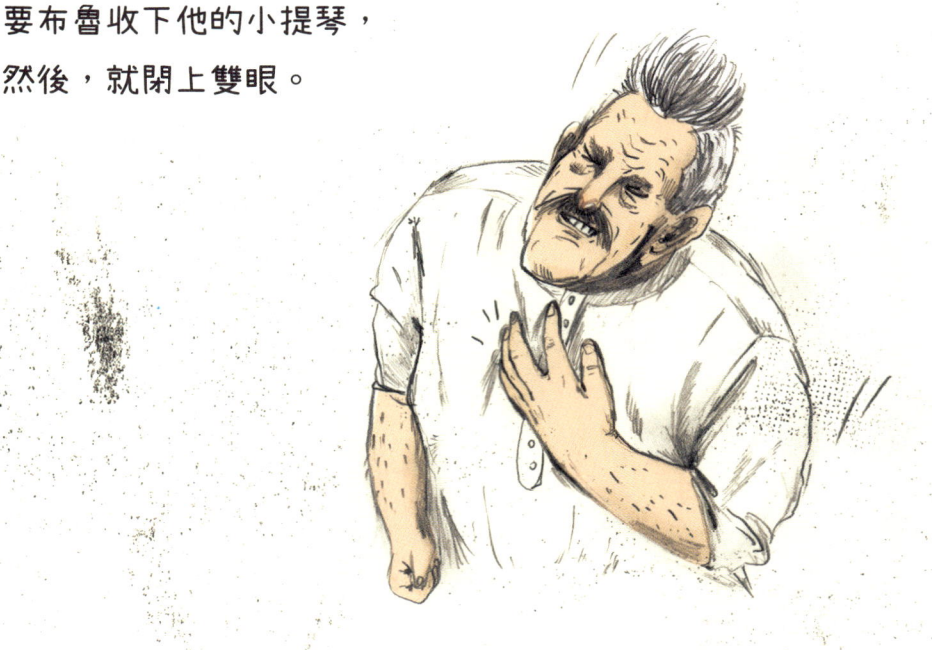

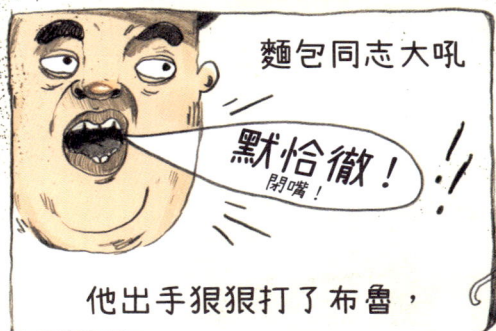

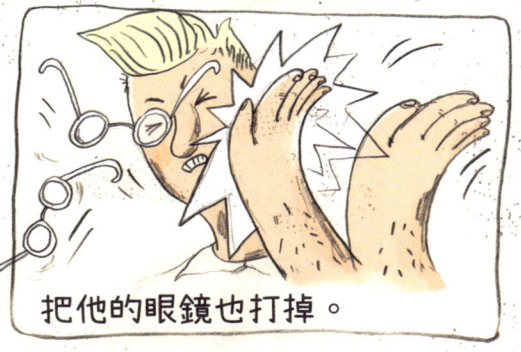

這老傢伙第一天就抱怨個沒完。把他埋這裡，你們明天再挖其他地方。

那個洞要用來埋誰？

麵包同志大吼
默恰徹！
閉嘴

他出手狠狠打了布魯，把他的眼鏡也打掉。

接著又踩了一腳，
弄碎鏡片後才大步離開。
從那天起，布魯看什麼
都是一片模糊，只有
一個例外，在他眼中，
達莉亞清清楚楚。

喀啦！
喀啦！

寫給亞馮薩斯舅舅的信

郵差安潔拉離我們很遠，就算她跟著我用紅毛線留下的線索走，也永遠都不可能找到我們。就算她想要找我們，可能也要花上好幾年。還好我有一個朋友，讓祂當快遞再適合不過，祂不會疲憊、不容易被人發現、很強悍也很忠心……除了大鵝馬丁還會有誰？

親愛的亞瑪薩斯舅舅：

　　西伯利亞西邊的阿爾泰地區讓我們想到家鄉。一大片土地連一棵樹都沒有，人們說這是「大草原」，我們以前在家讀過的書裡也有這麼大的平原……我們仔細盯著地平線，怎麼看都看不到騎兵來解救我們，希望總是落空。這裡的馬像人一樣沒什麼力氣，任何運送的工作都要靠一群瘦巴巴的牛。森林裡的空地到了夏天都會開滿無數的花，看起來很像我們家鄉的庭園。

　　森林比較稀疏的地方，雛菊和金合歡也會盛開，底下的灌木叢還有藍鈴花。媽媽總是拿把它們摘回來做成乾燥花。

　　在媽媽心中，這些花讓她想起立陶宛。

　　馬丁飛回來前，請餵牠吃點東西，回西伯利亞的路途遙遠，幾乎和去月亮的距離一樣遠。

　　抱！我們很想你！

　　　　　　　　　　　　——小阿吉和翁妖可全家

p.s. 我們養的蜜蜂還好嗎？

蜂蜜

我還記得我們在立陶宛的時候,老是跟著爸爸養蜜蜂、採收蜂蜜。西伯利亞怎麼會沒有蜜蜂呢?達莉亞說她曾經看過一隻,布魯笑著說那可能是蚊子。

這裡的蚊子肯定和恐龍一樣大。

那天下午,我們確認過上千朵花,但找不到一隻蜜蜂。

是不是這裡的冬天太冷了呢?我們決定找人打聽,除了瑪格麗特阿姨還能問誰?她的藍色小屋永遠歡迎我們。

> 噓⋯⋯
> 這是胎吶——秘密!
> 你們去森林另一邊
> 找瓦沙叔叔,大家都叫他
> **丘韃**——怪老頭、怪咖。
> 聽說他會養蜜蜂。
> 我畫一張地圖給你們⋯⋯

隔天早上，我們拿著地圖，展開尋找神祕養蜂人的探險。我們在森林的邊緣找到一棟小木屋，看見一個身材矮小的老人，鬍子又長又白，身邊有蜜蜂緊緊跟著。他一臉警戒，皺起眉毛。我們告訴他是瑪格麗特阿姨要我們來的，問他西伯利亞哪裡有蜂蜜。

西伯利亞對蜜蜂來說太冷了……除了我這裡。

冬天，牠們待在我的床上，**壁爐也烤得暖烘烘**。

我們問他的蜂巢在哪裡,他很不耐煩:

關你們什麼事?

我們想養蜜蜂、做蜂蜜。聽我們這麼說,他噗哧一笑:

你們以為自己是萬事通啊!

我們跟他提到爸爸,說他在勞改營,說我們很想念他……說到這裡,瓦沙叔叔才答應:

可囉修——好吧,我讓你們照顧一個蜂巢,不過一到冬天,就要讓蜜蜂回到我這裡。還有,把蜜蜂藏在帽子底下,知道嗎?噓……

從那天起,我們只要一有空就和丘鞋在一起,媽媽直搖頭,佩卓妮列姑姑老是說:

去吧去吧,去找那些想像的蜜蜂……不過別忘了回來喔!

幻想和現實的界線通常沒那麼清楚。直到現在,我還是能夠嚐到丘鞋的蜂蜜有多麼美味。

# 編織

姊姊開始織披肩。這件事,她好像已經做了一輩子。
每當她用完毛線,就剪自己的捲髮或是拔草來編成
毛線,就連馬毛做的袋子也拆開來編。佩卓妮列姑姑
會幫她的毛線染色。達莉亞做的披肩很美,每一件都能拿
來說故事。每次完成一件,她就會把披肩攤開,
孩子們會圍在旁邊坐下,看見什麼就說什麼。他們
看見很多:立陶宛、西伯利亞、日本、
和其他許多想像的國度。

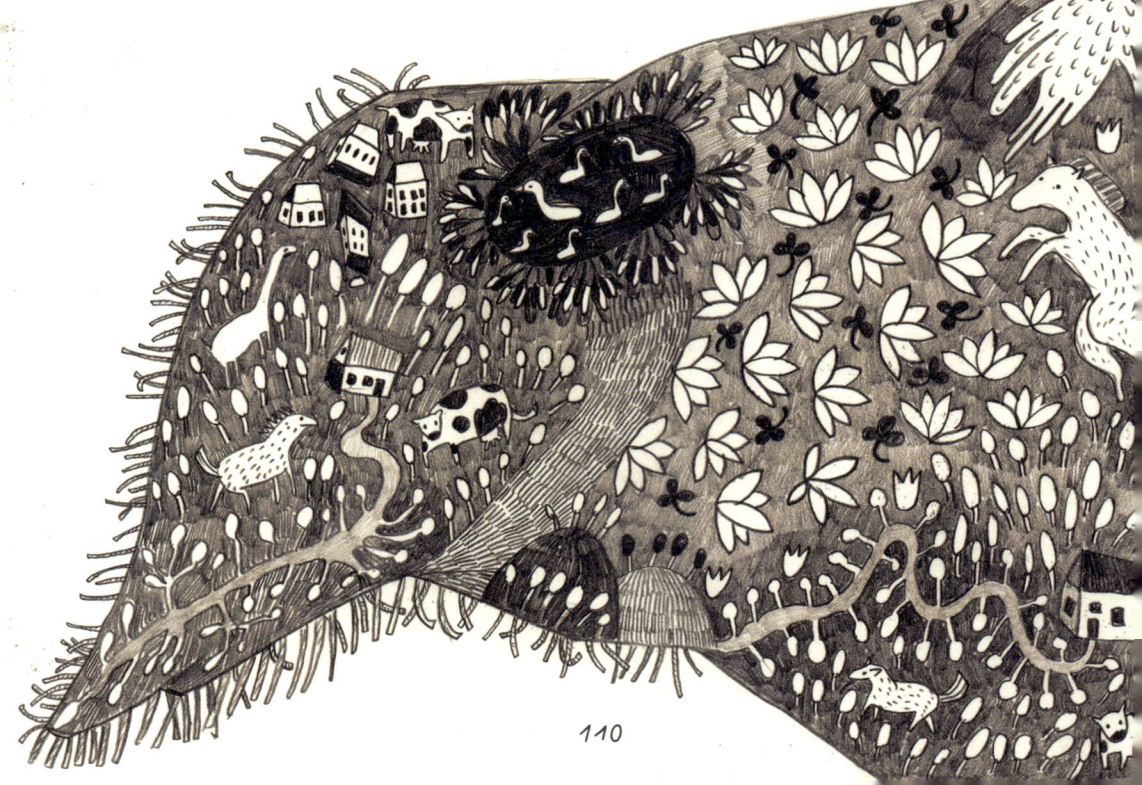

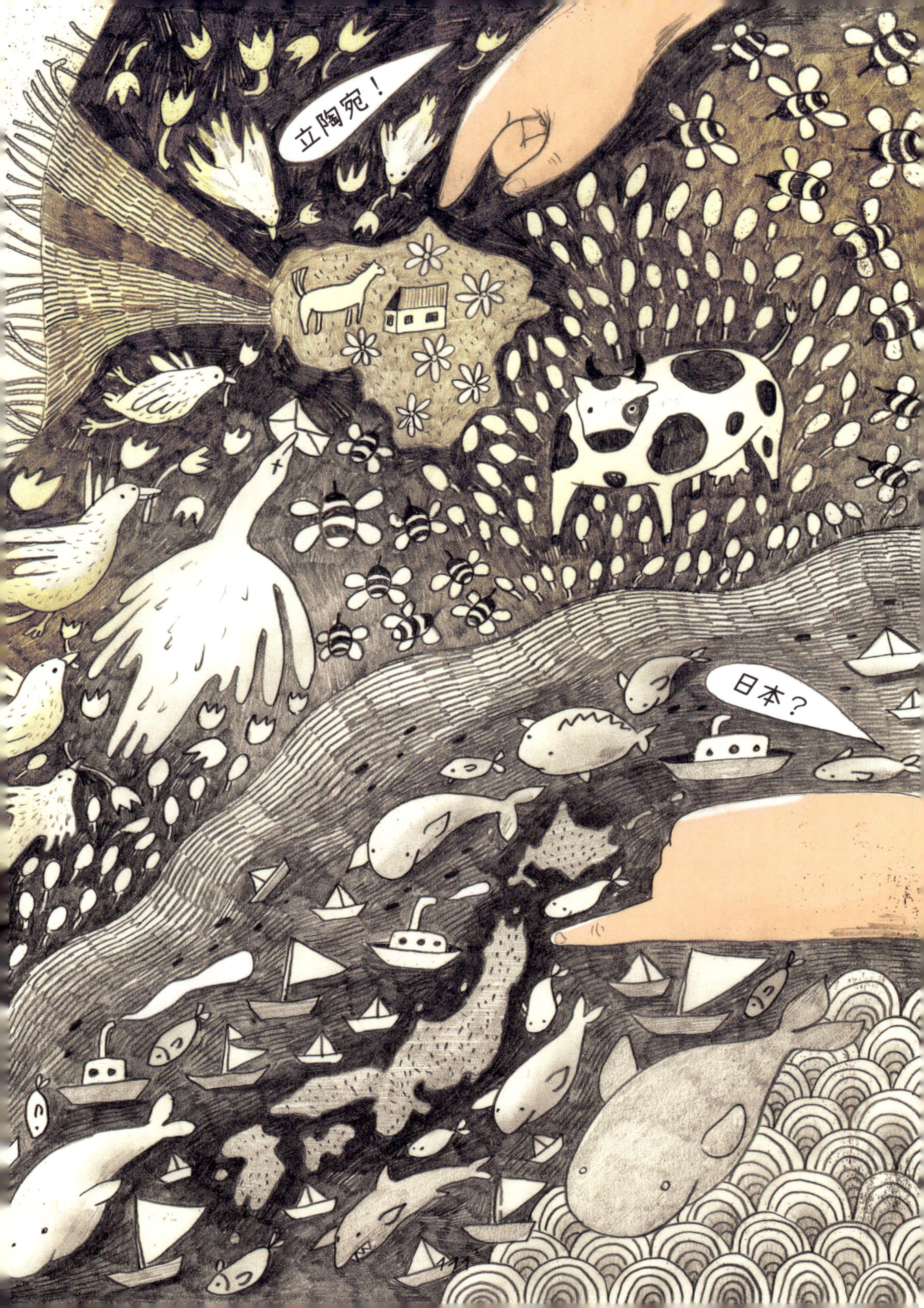
立陶宛！
日本？

今天，衛兵怪罪小孩和老人挖壕溝的時候，弄斷所有的叉子和湯匙，要我們待在營房裡，不准出去。做工的人減少，麵包也減少。布魯完全不受影響，他跪在達莉亞腳邊，拿老文森的小提琴當作吉他，為她演奏小夜曲。

請為我織石楠花的香氣……

達莉亞有時會笑，但要逗她開心從來都不容易。

蘇聯女人願意拿食物換織品，應該會喜歡我織的披肩吧？

這些披肩很美，但沒有你美。

你沒有眼鏡，和瞎了沒兩樣吧？

我有戴眼鏡喔。

嘿，我們應該要想點什麼辦法。
什麼？要組織反抗軍嗎？
你不來也沒差，我們自己溜進森林裡找吃的。
我們不如幫老文森做個十字架，在立陶宛都會這麼做。
我來做。你可以在旁邊的草地上織東西。
秋天快到了……很快就會變冷。你們要選哪一個？一件披肩，還是一袋馬鈴薯？

飢餓

我們以前不曾餓過肚子，完全不知道飢餓是什麼。我們的小鎮從來不缺食物。事實上，還在家鄉的時候，根本不會特別想到「食物」這兩個字，餐盤上永遠都會有從菜園採收、從森林帶回來的美味可以吃。

沒想到，在西伯利亞，我們很常提起食物，每天的禱告都大同小異：

每天早上，都是咕嚕作響的肚子叫醒我們，每天晚上，咕嚕作響的聲音也是我們的催眠曲。半夜，我們夢見鬆餅配上蘋果醬……澈底明白飢餓的感覺有多麼痛苦。

我們絕不屈服，因為飢餓和死亡只有一步之遙。不過，就算是死了，立陶宛還是在千里之外。有些日子，我們沒有任何東西可以果腹，只能煮水來喝。熱騰騰的開水，冒著蒸氣，美味啊……就像亞馮薩斯舅舅家撒上巧克力粉的熱可可。

有一次，媽媽工作後回到這裡，累得彎腰駝背。工作當然累，但更主要的原因是她沒有領到麵包，一點都沒有。

麵包總是能讓她打起精神，不過，那天麵包沒了。媽媽覺得自己幾乎要變透明，好像要消失了一樣。但她什麼也沒說，因為她失去了她的聲音。她看起來加倍安靜。

於是我們提議煮一鍋湯當晚餐：

神奇美味石頭湯

想煮石頭湯，首先要找到一顆圓滾滾的石頭，放進水中，加入一點點麵粉。

豪華版：加入一小撮鹽巴和一把小米或燕麥（在農田收成的時候，總是可以找到一些碎麥粒）。

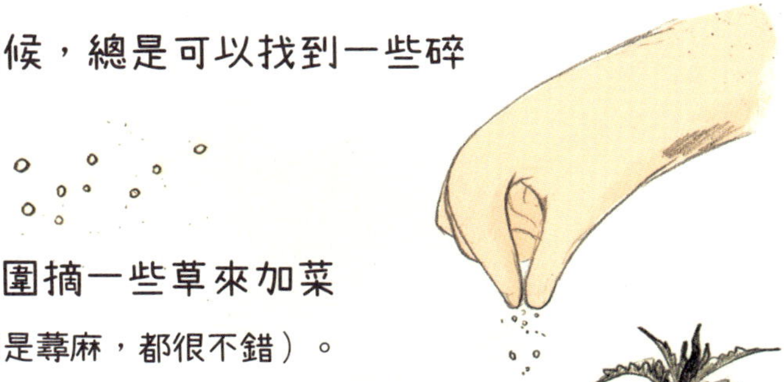

夏季版：在營房周圍摘一些草來加菜（鵝掌草、雞腸草，或是蕁麻，都很不錯）。

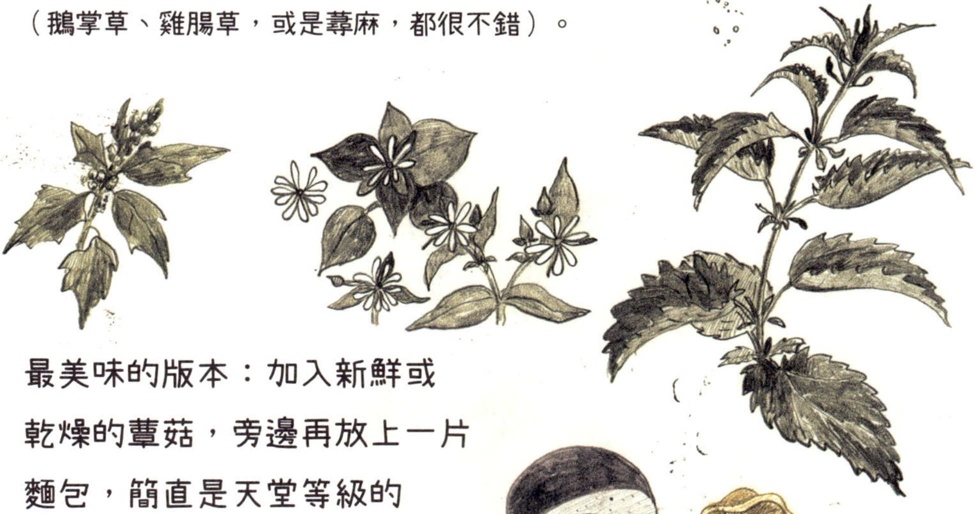

最美味的版本：加入新鮮或乾燥的蕈菇，旁邊再放上一片麵包，簡直是天堂等級的美味……

那天晚上，我們像是嚐到一小片天堂那樣
享用著石頭湯，那是全世界最美味的湯。

日本人

在我們營房圍籬的另一邊，有一批日本人被囚禁在那裡，這件事，當然是佩卓妮列姑姑發現的。他們似乎都活不了多久，因為每天傍晚，都會有一台嘎嘎作響的推車被送出大門，瘦瘦長長的腿疊成一堆，垂掛在推車後面，很像詭異、破舊的布娃娃的腿。

她偷偷摸摸地觀察那裡的動靜，裡面有一個很大的中庭，有日本人，雙手交疊在背後，繞著圈圈，踏著小小的步伐走啊走，彷彿時鐘的指針。

滴答、滴答、滴答、滴答……
一小步接著一小步。

佩卓妮列姑姑立刻就想到方法和他們互動，為他們打氣。她會從她的書中抄一些俳句在小紙條上，再叫我們丟過圍籬。

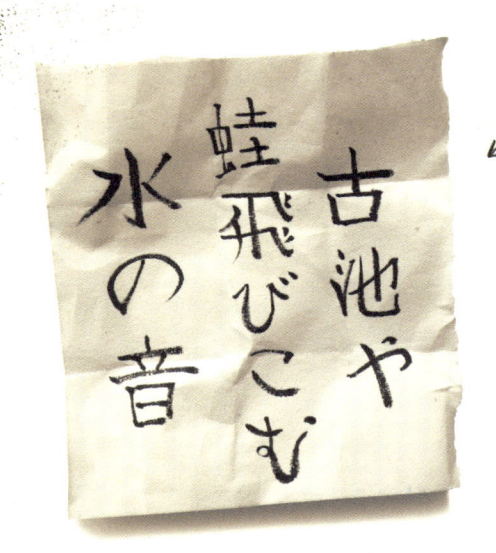

古池——
青蛙躍進：
水之音
——松尾芭蕉

古池や
蛙飛びこむ
水の音

KAWAZU
蛙 → 青蛙

ike
池 ← 水池

此身之中
亦有黑暗
捕螢所見
——河原枇杷男

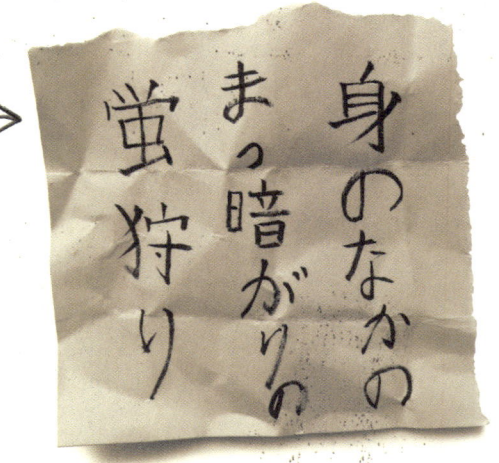

身のなかの
まっ暗がりの
螢狩り

HOTARU
螢 → 螢火蟲

紙條越過圍籬，消失在我們眼前的同時，
有人會打開它們，然後我們會聽見某個日本人說：

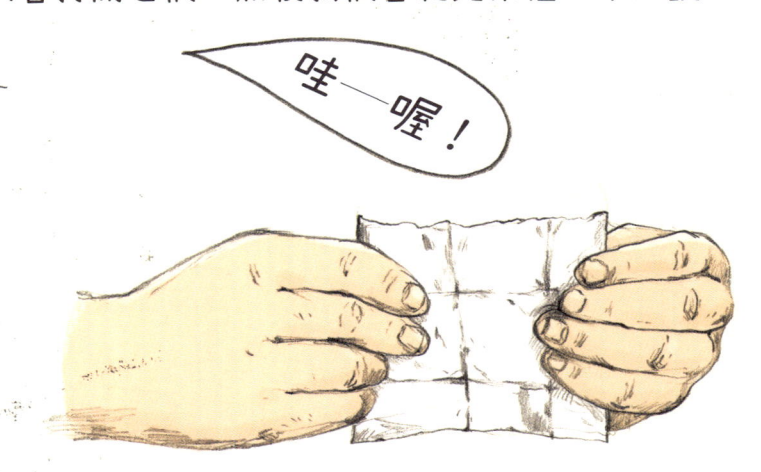

哇——喔！

那是非常開心的聲音。日本囚犯全都是男人，他們
被迫和家人分開，讓我們想到自己的爸爸，天知道
他們被關在哪裡。
正因為這樣，我們很愛這些日本囚犯，就算
我們從來沒見過他們當中
的任何一個。

莢蒾漿果

今天，佩卓妮列姑姑打算做一些莢蒾漿果果醬，齊蒲蒂老師要我和布魯去挖一些甜菜回來，不過，那裡有狗看守著。葡萄乾已經把我們當朋友了，但是其他狗每次看到我們都會狂吠。齊蒲蒂老師總是笑我愛做夢，竟然想用蜂蜜讓果醬增加甜味，她說我是白日夢想家。
不過，有時候美夢也會成真……

玫瑰奶奶彎下身，在她的日記上寫著：

秋天的莓果為莢蒾樹叢妝點上紅色。

蘇聯人會摘回去做果醬，我們吃不慣，不會跟著做。

莢蒾漿果並不好吃，但我們也習慣了。漿果有苦味，我們就加一點甜菜……

> 玫瑰奶奶，你在本子上寫什麼？

> 寫我們在這裡的生活。我們過世很久之後，也許有人會讀到。

> 玫瑰奶奶，你會魔法，你知道我們會在這裡待多久嗎？什麼時候可以回家？

> 永遠別放棄希望。有時過一天就像一年，但一年也有可能飛快過去，像過一天。

沒錯，時間真的很有彈性，可以拉長，也可以縮短。那天傍晚，天黑之後，我們偷偷溜出去挖甜菜。我們不害怕。布魯像平常一樣，四處走動，兩隻手臂擺來擺去，讓那些狗跑過去嗅嗅他，確定他沒有問題。我趁這個時候，把六顆甜菜藏進我的衣服裡，感覺時間變得很長。我們衝回去時，時間又變得很短。

百日咳

哈囉，爸爸：

你好嗎？你平常都在做什麼？你一定很賣力工作吧。在我們這裡，衛兵要或所有人都賣力工作。也許是要避免我們想一些有的沒的。

如果你在這裡，你一定會逗我們笑。遇到困難時，你總是知道怎麼四兩撥千金，天塌下來都不怕⋯⋯

我們都過得還可以，雖然我生病了。我得了百日咳，咳咳、咳咳、咳咳⋯⋯咳到全身無力，衛兵不讓我留在床上休息，所以我還是得到處跑，走到哪裡咳到哪裡，我甚至還要上學⋯⋯

每個人都不敢靠近我。這種病好像很容易傳染給別人。只要我記得，就會綁上媽媽的圍巾，遮住嘴巴。玫瑰奶奶很好心，她給我松針茶，喝了之後，不再咳得那麼厲害。如果可以再加一匙蜂蜜⋯⋯一定非常好喝。

我得去跑步了。請回信。期待收到你的信。

——愛你的小阿吉

會議

有一天，我們發現一張通知單，那天傍晚在一號營房要召開會議。博堡木爾太太立刻大發脾氣——都快要站不住了，還得去參加什麼會議？而且，不只有她這麼想。但這場會議最後還是照樣舉辦，大家陸續到達，希望有人能想出讓大家回家的計畫。

我們一定要想辦法，不然這些傷身體的工作會讓我們都沒命。冬天就要到了，會很難熬，我們要做些能讓心靈溫暖、心情愉快的事。有個計畫，我思考、夢想了很久……
我們來組合唱團！

> 為什麼不教孩子們立陶宛文？他們都快變成蘇聯人了。
>
> 哭都來不及了，唱什麼歌？
>
> 要唱什麼？「食物、食物、食物」嗎？

> 不如我們寫幾首類似日本詩的歌？立陶宛俳句！大自然能給我們靈感超越眼前的煩憂！

> 那些日本人讓你瘋了！
>
> 讓你的眼睛也變成瞇瞇眼。
>
> 你一天到晚去那邊，到底在想什麼？

> 眼睛？這是被蚊子叮的……

我們也想加入討論，我們也想發言，我們這些小孩想要唱歌，我們想要有合唱團。

歡迎大家加入合唱團！我們可以在睡前練唱。一起幫合唱團想個名字吧。
「綠色小毛驢」？
「彩虹」？
「猴子大橋」？
「琥珀國度」？
「西伯利亞的眼淚」？
「心愛的立陶宛」？
爸爸說蘋果就代表立陶宛。要不要就叫「蘋果」？
蘋果蠢蛋啦！
想唱歌？你的肺都要咳出來了！
蘋果合唱團，真是太美了。阿吉斯，你的蘋果籽在哪裡？拿過來，我們來種蘋果……

我們把種子種在一個桶子裡,就是爸爸去地下室用來裝滿蘋果的那個桶子。我們把桶子放在營房裡最溫暖的地方,就在暖爐旁。這個暖爐不太暖,但總比沒有好。馬鈴薯同志揮著棍子打斷我們的會議,重複說著他最愛說的字:

阿努風!
全都出去!

我們的合唱團叫「蘋果」——椏布啦卡

你這個爛蘋果!滾出去!

排練

我們第一次排練的那晚,才剛集合就開始下雪。滿月掛在天上,很夢幻,美得不可思議。我們跑到室外去看雪,唱出我們的心聲。

> 孩子們,歌聲有翅膀,可以帶我們飛去任何想去的地方⋯⋯

我一直想要一輛腳踏車……
假日穿的白色洋裝……
有三粒豆子卡在我的圍巾裡……
1 2 3
我還要織幾雙襪子……
我們撐傘吧，下雨了……
只不過是幾滴水……
雪在睫毛上融化了……
這場雪好像鵝毛……

我們在雪花中跳舞,像是在進行某種祕密的儀式,這場神聖的彌撒裡有一道道眼淚、一條條鼻水、咕嚕咕嚕叫的肚子、火車軌道,還有一張張親手寫的信……

我把碎蘋果乾一一分給每個人，
感覺好像神父在發聖餐。

我說：

立陶宛……

張開的嘴回答：

萬歲！

這是什麼？

蘋果乾。
「黃金品種」，
最甜的那種。

偶哩嘎彌

佩卓妮列姑姑一天到晚在日本俘虜營附近鬼鬼祟祟地遊蕩，她會盡量躲起來，但不時還是會被馬鈴薯同志發現。馬鈴薯同志搞不清楚她在做什麼，「為什麼在這裡晃來晃去？」他說，並把她趕回去工作。佩卓妮列姑姑會假裝在那裡找手套，少了手套，西伯利亞的酷寒會要了你的命。

> 阿哩嘎斗！
> 阿哩嘎斗！
> 謝謝你們！

今天我們來做「偶哩嘎彌」！

那是鳥嗎？

這是白鶴。

「偶哩嘎彌」是日本的摺紙藝術。

在日本，鶴就像我們的白鸛，都代表和諧、保護家園。記得立陶宛的白鸛嗎？

牠們會發現我們離開了嗎？

我們把這隻鶴變成白鸛。

用這顆莓果
把鳥嘴塗紅。
如果我有長長的嘴，
我一定會
啄啄啄啄……
像一隻白鶴！
兩根
小樹枝
可以
當成
兩隻腳
……
如果我有長長的腿，
我一定會
跳跳跳跳……
像一隻白鶴！

1.

2.

3. 從內側撐開一個「口袋」，再往下壓，摺出這個形狀。

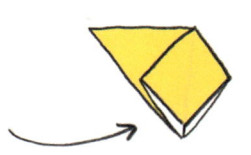

拿一張正方形的紙，對摺，再對摺。

4. 翻面，壓出B線，將B點往A點的方向摺，這時，D線會在底下，C點和D點也會重疊。

5. 將A角和B角向中線摺，再將C角往下摺，壓出這張圖所示的摺痕。

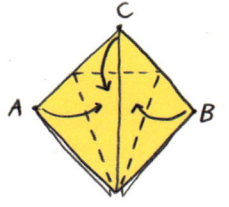

6. 將A角往上拉，撐開一個「口袋」，對齊B線往下摺，就會出現這個的形狀。

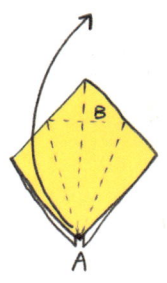

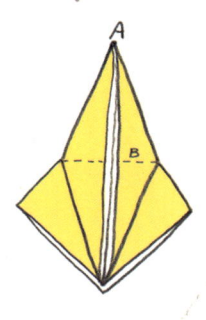

7. 另一面重複同樣的動作，就會出現這個形狀。

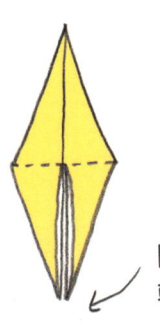

開口的那一端朝下。

137

8.

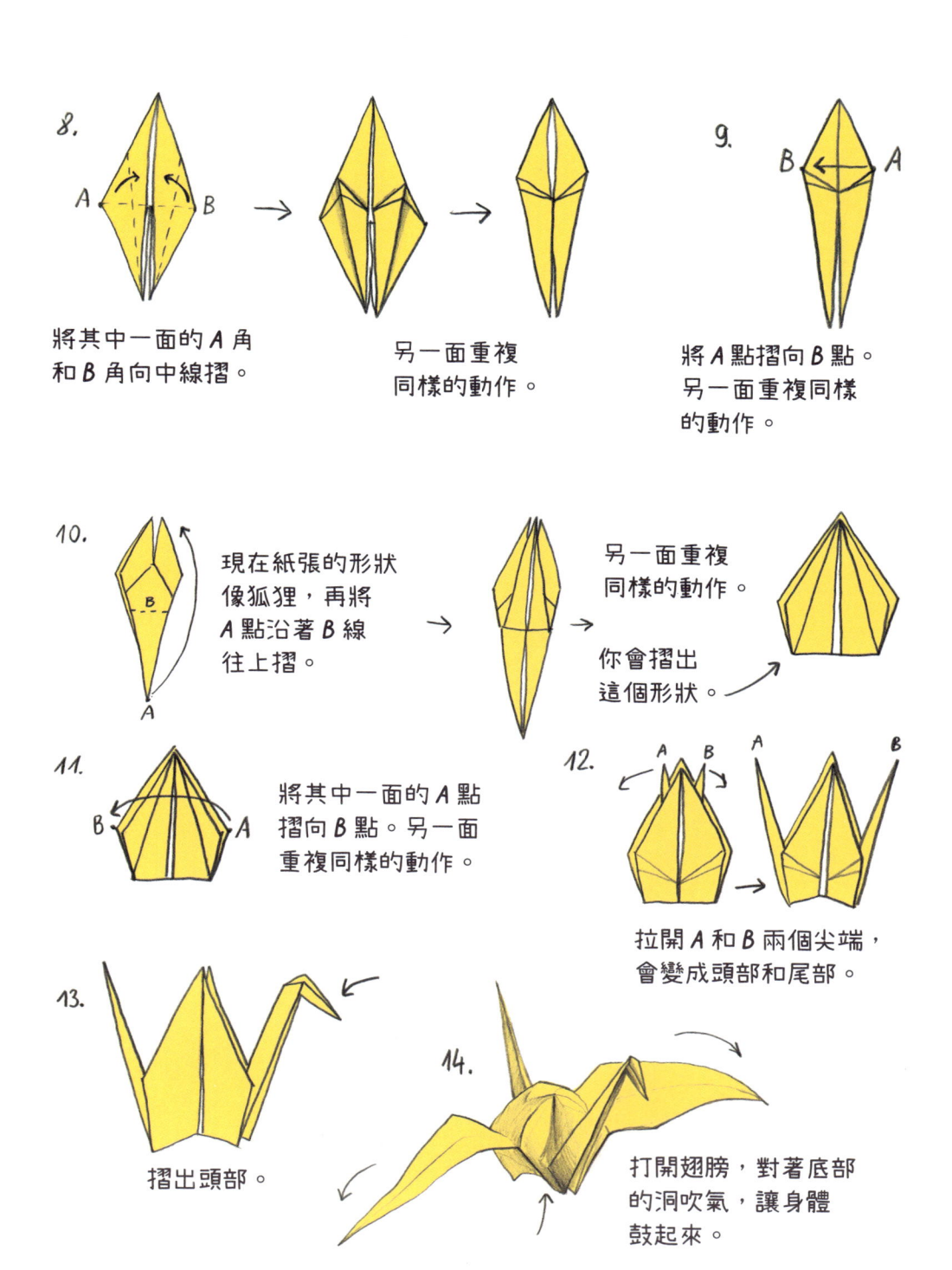

將其中一面的 A 角和 B 角向中線摺。

另一面重複同樣的動作。

9.

將 A 點摺向 B 點。另一面重複同樣的動作。

10.

現在紙張的形狀像狐狸,再將 A 點沿著 B 線往上摺。

另一面重複同樣的動作。

你會摺出這個形狀。

11.

將其中一面的 A 點摺向 B 點。另一面重複同樣的動作。

12.

拉開 A 和 B 兩個尖端,會變成頭部和尾部。

13.

摺出頭部。

14.

打開翅膀,對著底部的洞吹氣,讓身體鼓起來。

鶴
TSURU
↓
滋嚕

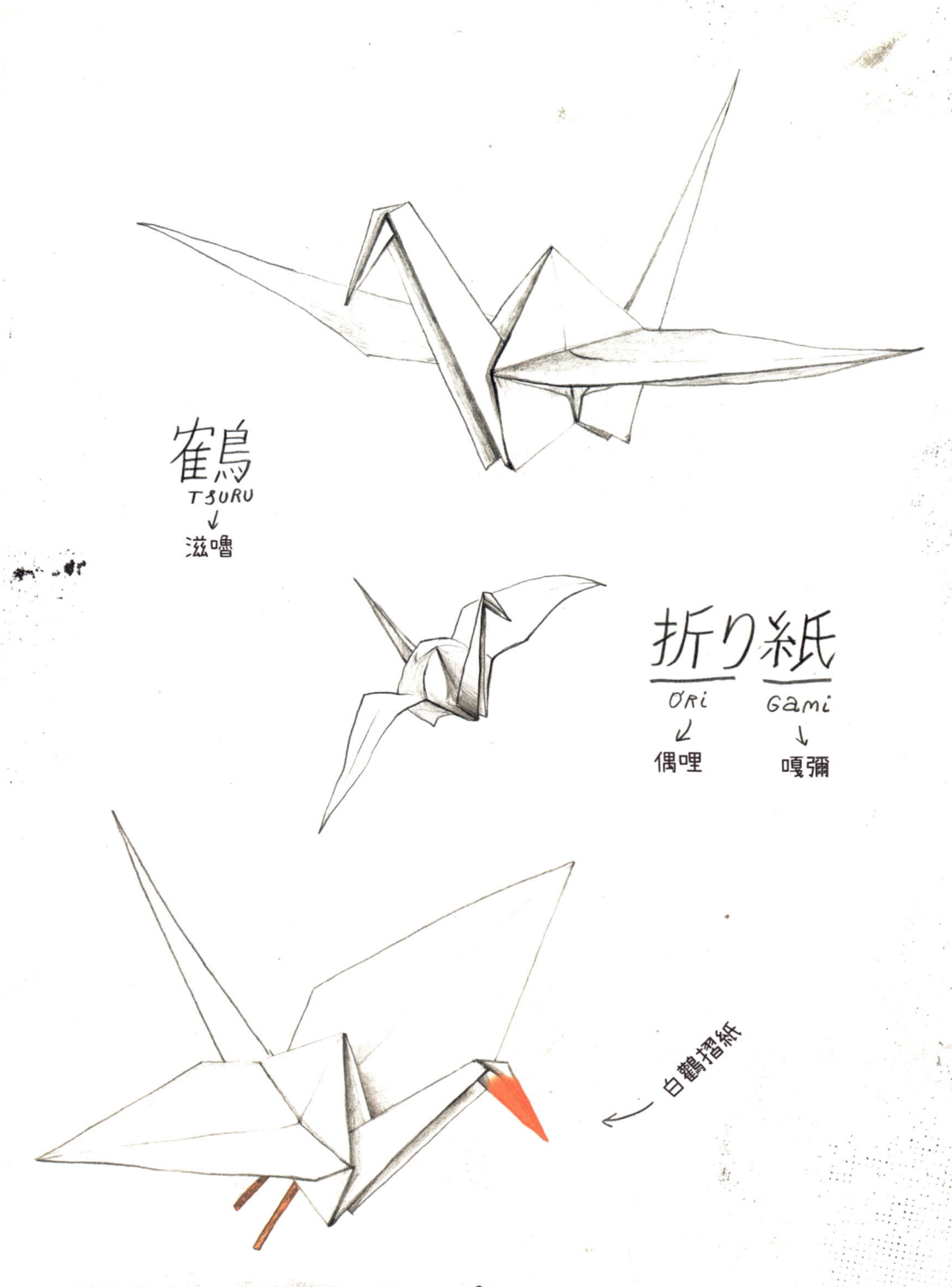

折り紙
ORI　GAMI
↓　　↓
偶哩　嘎彌

← 白鶴摺紙

139

寫給亞馮薩斯舅舅的信

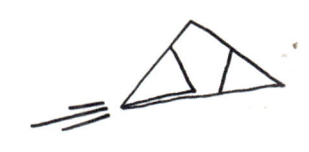

親愛的亞烏薩斯舅舅：

　　我們從家鄉帶來的食物庫存早就吃完了，只剩下蘋果乾，媽媽為了下雨天特別保存下來，我們的肚子咕咕叫個不停的時候，她會放一小塊在我們的舌頭下，讓我們慢慢吸。馬鈴薯、小米和其他的東西，我們能種就種，也會去撿野鳥蛋。附近有人養牛，他們有時候會給我們一點牛奶。這裡也有狗，負責看守食物，不讓我們這些餓肚子的囚犯靠近。
　　我們的肚子空空的，會發出很好笑的聲音。
　　哦，還有一件事，我們組了一個合唱團──「蘋果合唱團」，我們的團名。我們會唱像是日本俳句的歌，你能想像嗎？

──百日咳咳不停的小阿吉

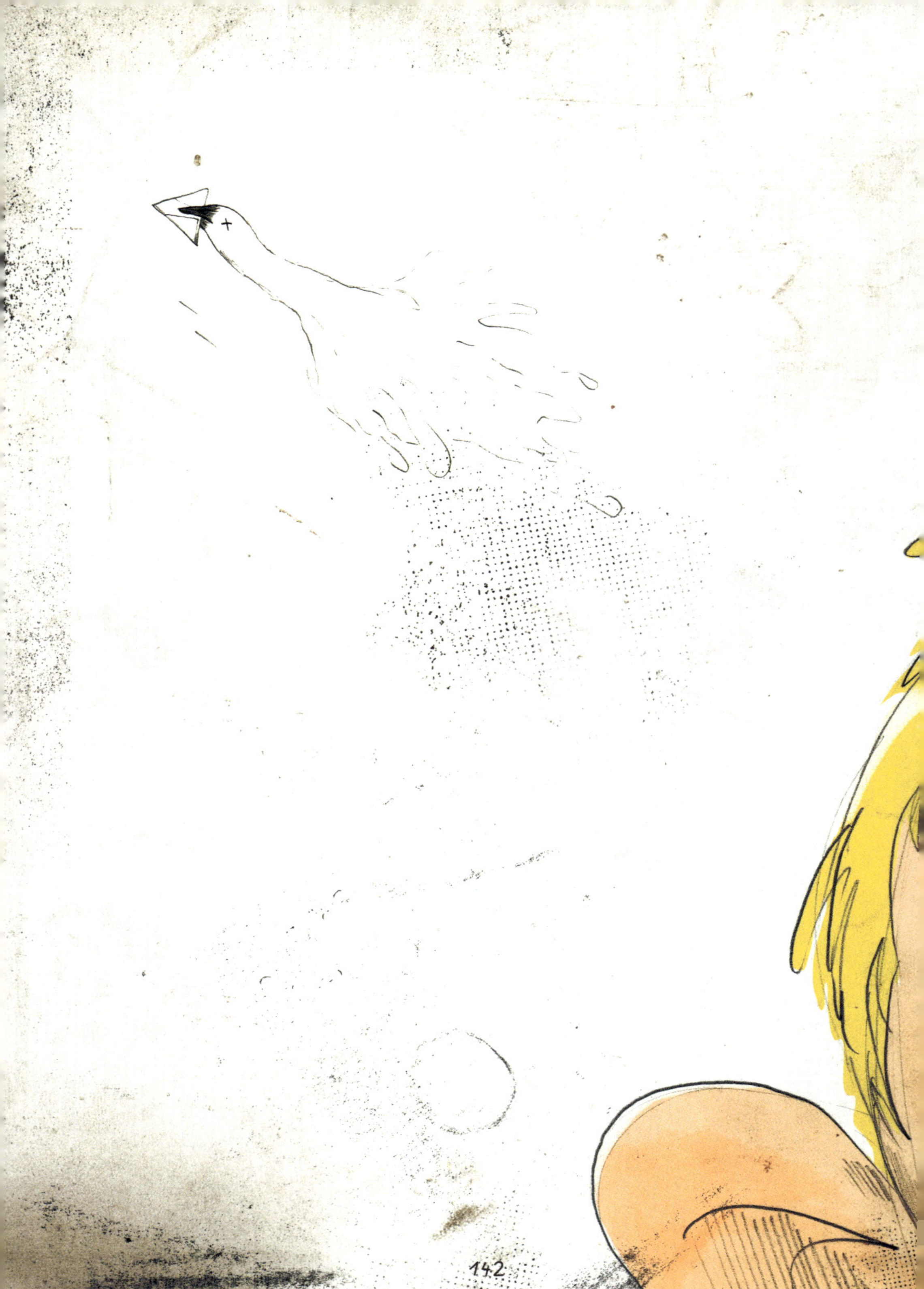

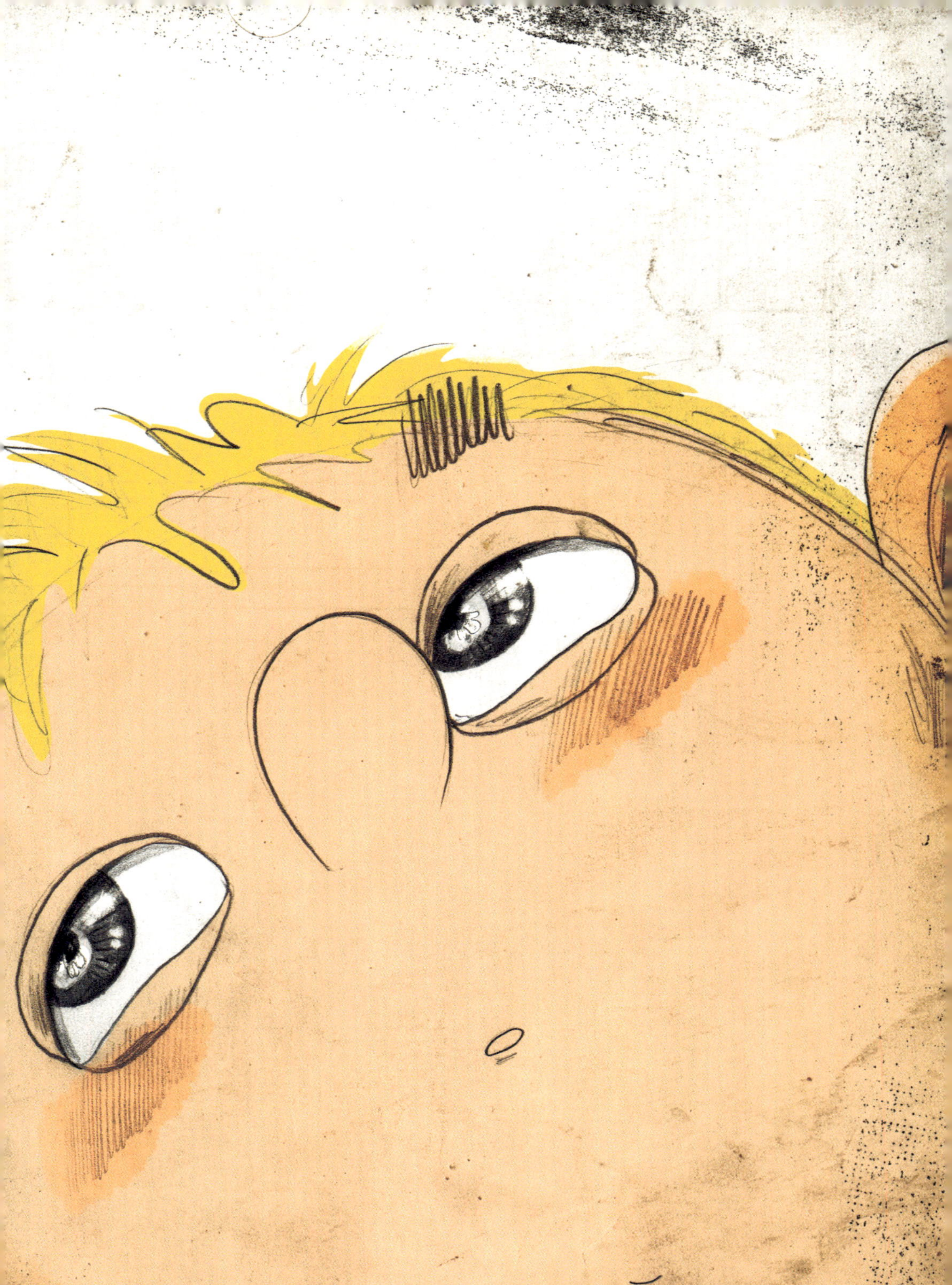

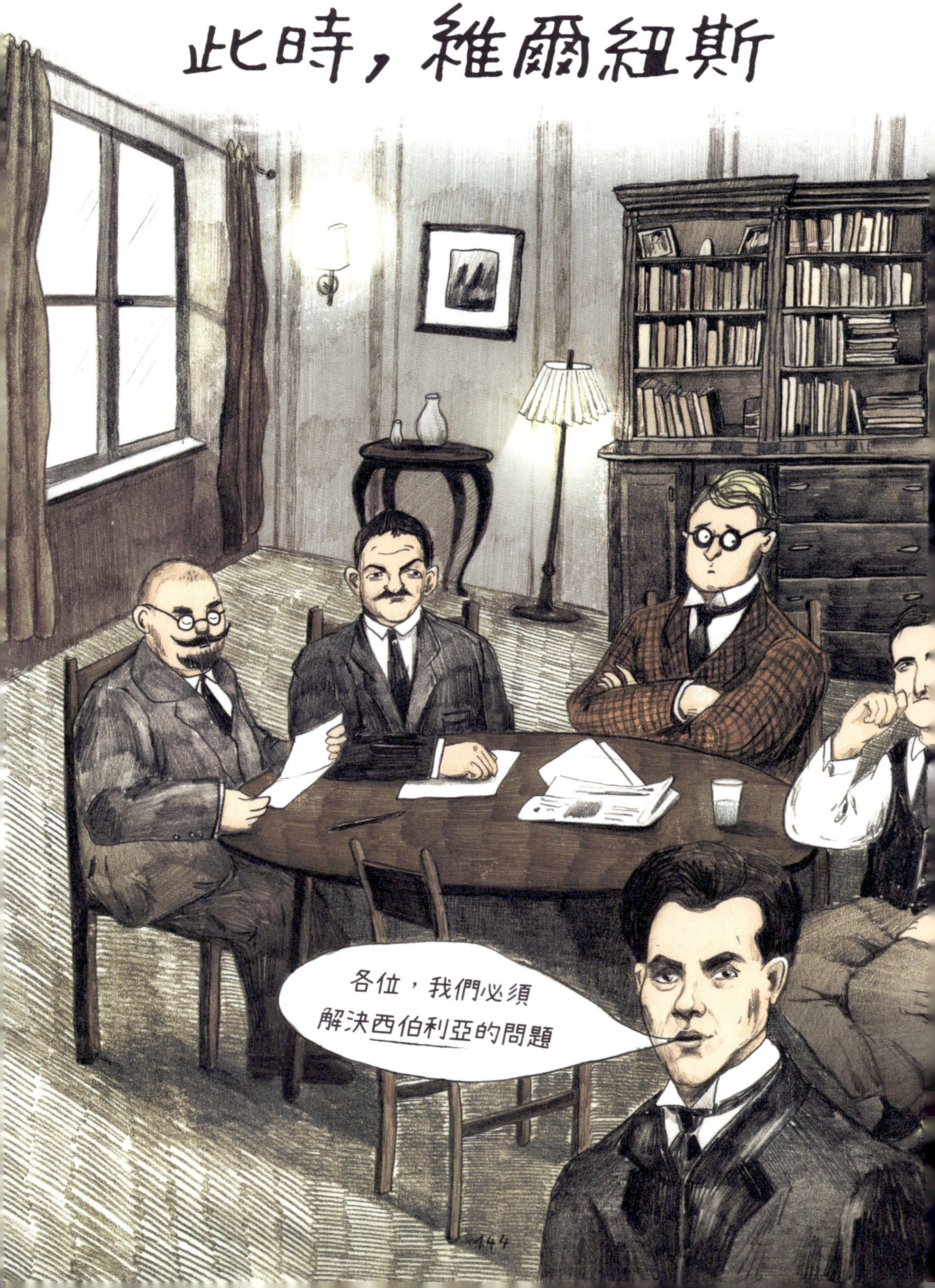
此時，維爾紐斯
各位，我們必須
解決西伯利亞的問題

亞馮薩斯，別再提起這件事了，非常危險。
現在確實很危險，但你不管那些孩子的死活嗎？
我擬了請願書，希望把立陶宛的孤兒送回家。你們願意簽嗎？
有些人就是時運不佳，我們又有什麼辦法？人生就是一場豪賭。
叩
叩
叩

有人竊聽……
沒人。
啊！又是隱形郵差！有西伯利亞來的第一手消息了。
要不要吃一點蘋果乾？
甜得像糖果。
你真是個怪咖。亞馮薩斯，我們抽菸斗就好。

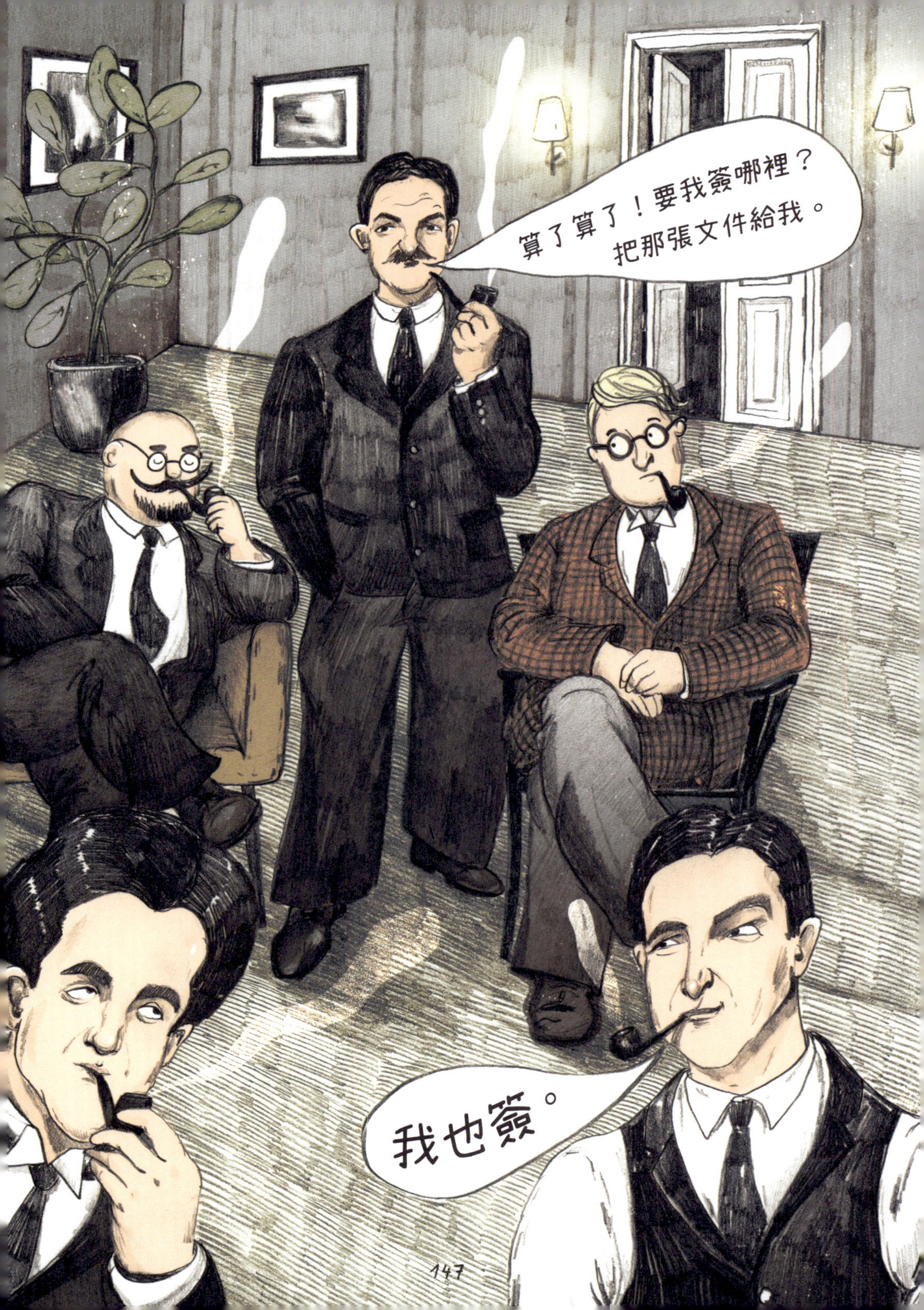
算了算了！要我簽哪裡？
把那張文件給我。
我也簽。

三人幫

有一天，達莉亞和我被派去剷營房四周的積雪。就在那個時候，我遇見暴力三人幫。他們自稱神槍手，拿著很遜的木劍，長褲鬆垮垮，鼻水流個不停。

我本來就有一對招風耳，但在我遇到里歐瓦、沃瓦和宙拉之後，我的耳朵變得更大了。這三人幫只要一逮到機會，就一定會拉我的耳朵，通常是在學校，沒辦法，我不幸和他們在同一班。他們每次惡搞的時候，都會罵我們是「納粹、法西斯和寄生蟲」。

我想我這輩子絕對不會忘記那首詩,那是我第一首背下來的俄文詩,已經永遠留在我的記憶裡。

瑪格麗特阿姨會在學校附近教訓那些欺負立陶宛人的小孩。她會罵他們,但是蘇聯小孩會說拷打法西斯和囚犯沒有關係,他們真心這麼想。瑪格麗特阿姨告訴他們,真正的法西斯會傷害別人。我們實在忍無可忍,寧可待在營房裡,看少少的那幾本書,雖然每一本都讀過幾百遍了。

里歐瓦、沃瓦和宙拉

三個形影不離的朋友。

全都有一頭火紅的頭髮和雀斑。邋邋遢遢、滿嘴髒話還很沒禮貌。不過，他們實際上只是三個可憐的男孩，他們的爸爸全都在某個遙遠的戰場上打仗。他們的媽媽很無助，整天在家哭。這三個男孩，和孤兒沒兩樣，沒有人好好照顧他們。他們很氣我們這些被流放的人，認為我們是敵人，是我們害他們的爸爸必須去打仗。擔心爸爸要是回不來了怎麼辦？瑪格麗特阿姨說里歐瓦、沃瓦和宙拉最需要的是有人愛。說真的，他們很像狗——剛開始對你狂吠，之後卻來舔你的手。

聖誕夜

時間拖著沉重的腳步，走得很慢。在我們的月曆上，聖誕夜是唯一有紅字的休息日，剩下的每一天都是黯淡的黑字。

終於又到了聖誕夜。我們團聚在大桌旁，握著彼此的手，再次感覺到每一隻手都因為辛苦工作和寒冷而變得更粗糙。我們在家鄉的時候也過聖誕夜，還會專程去馬廄，希望可以聽到動物們用人類的語言說話。

到處都有人在過聖誕節，我們在西伯利亞的餐桌上只有一條小小的魚，不過已經夠我們每個人吃了。我們挑出十二根魚骨頭磨成粉，加進湯裡增加鮮味。一點一滴都很珍貴。

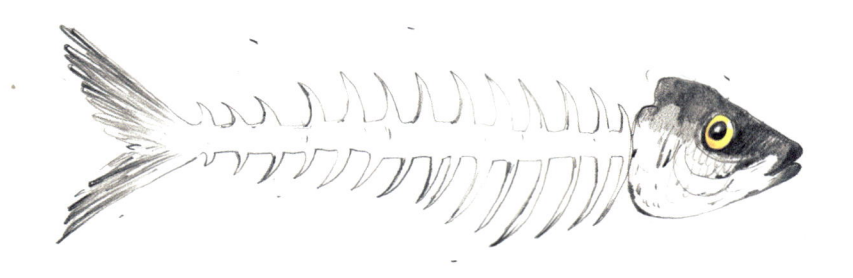

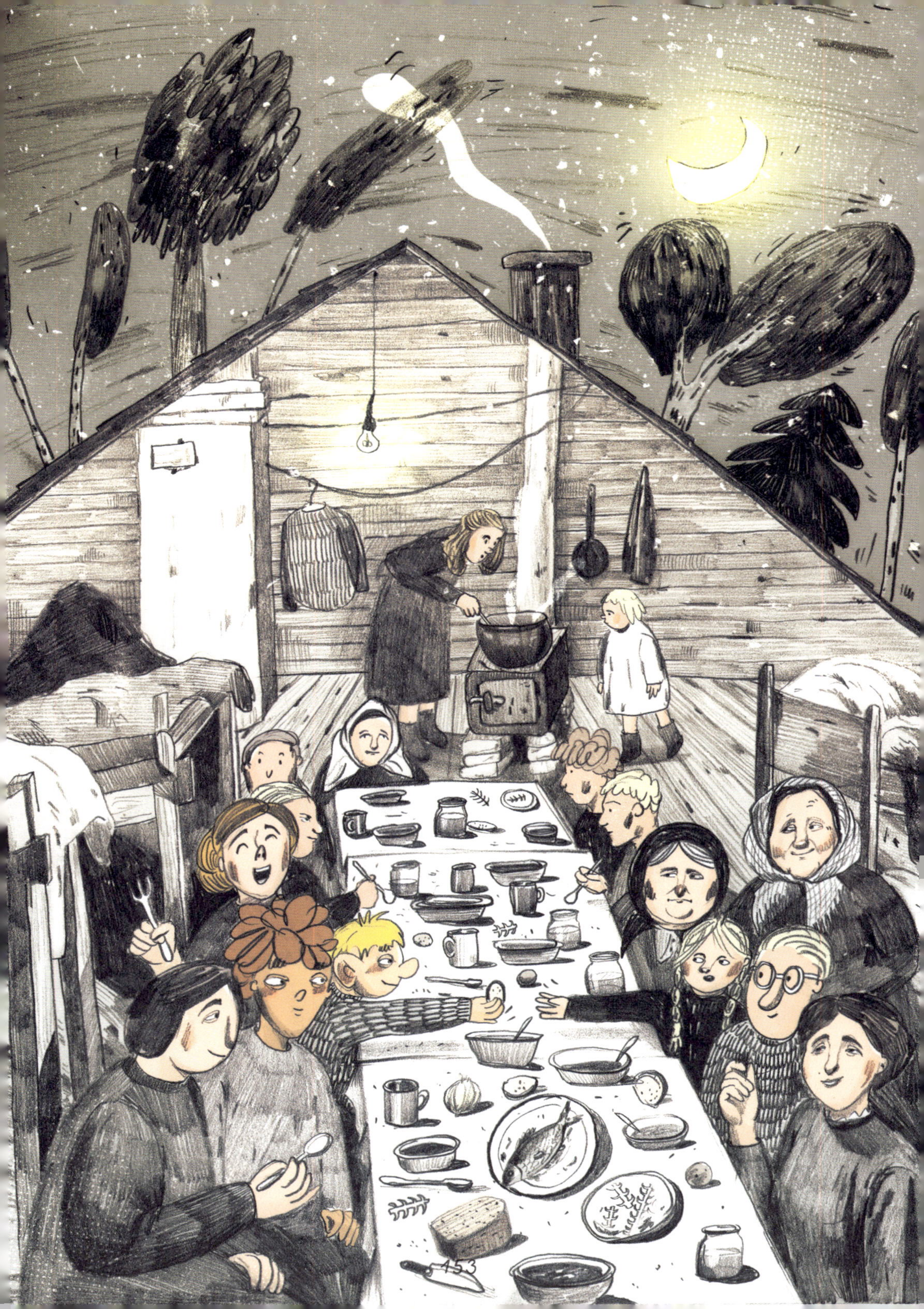

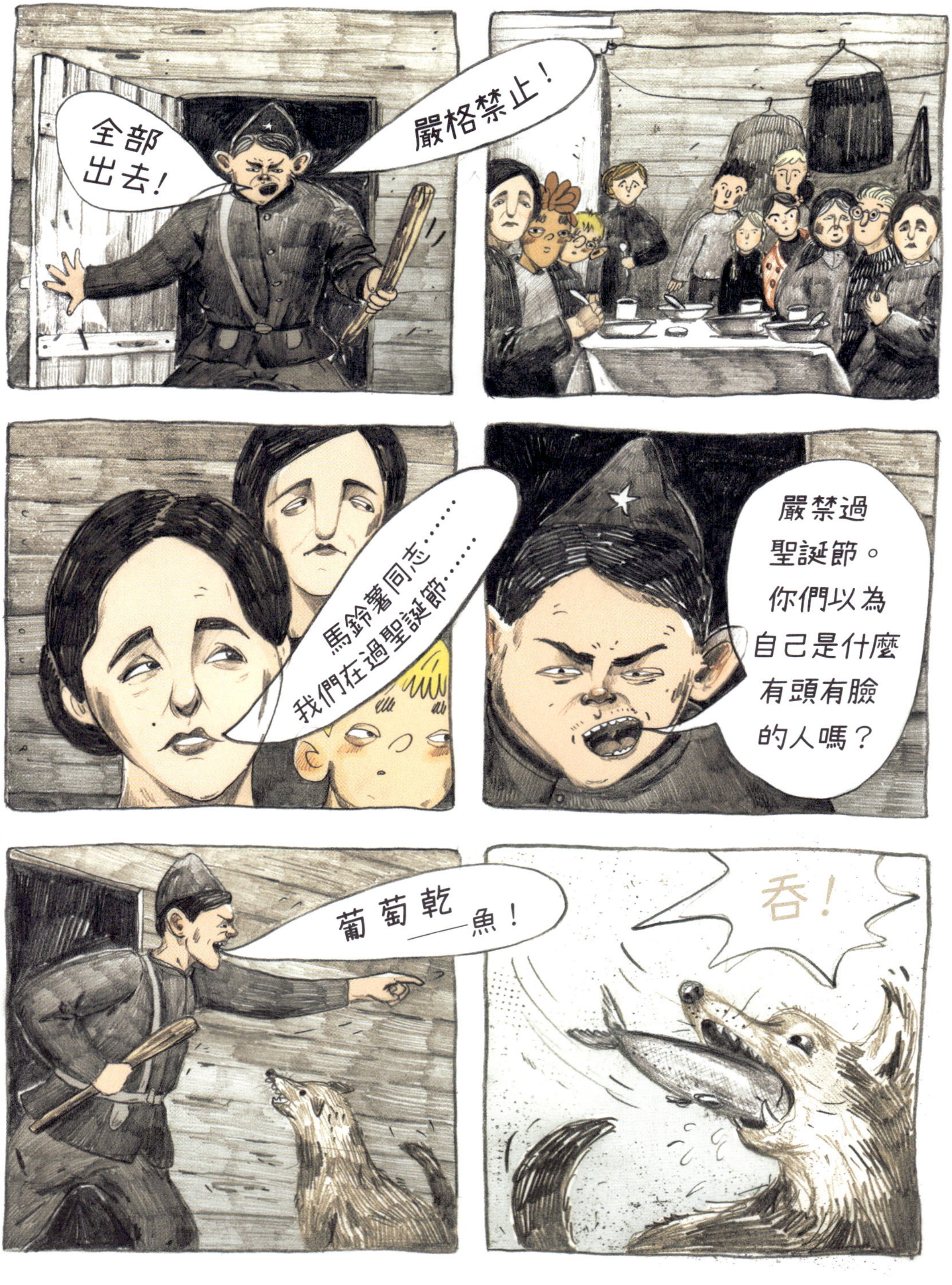
全部出去！
嚴格禁止！
馬鈴薯同志……
我們在過聖誕節……
嚴禁過聖誕節。你們以為自己是什麼有頭有臉的人嗎？
葡萄乾——魚！
呑！

即使聖誕夜就這樣被打斷，我們還是走向新的一年。滴答，滴答，時間沒有停下腳步。希望未來的日子可以多一點光明。啵徹塌喀——就是這樣。

寫給爸爸的信

親愛的爸爸：

　　這裡的蕈菇超級巨大，感覺在奇幻世界裡才有。下雨的時候，可以當雨傘。我們會拿來煮湯，也會曬乾，用來為食物調味。夏天的時候，還有紅醋栗和黑醋栗，可惜我們必須工作，沒有機會去摘。媽媽會在湯裡加點麵粉，讓湯更濃稠。她會煮馬鈴薯湯。我們自己種了一些馬鈴薯，不過有人會去偷挖。我們從立陶宛帶來的家庭相簿也被偷走了。幸好我早就把每個人的臉都撕下來，現在可以放在口袋裡帶著。

　　我們會繼續撐著。
　　爸爸，你也要撐著，不要放棄。
　　　寫信給我們。

——愛你的小阿吉

我還來不及寫完最後一句,
我的頭就被一顆雪球打中。

阿努噠外!
你在寫什麼啊?大詩人!

藍莓

神槍手三人幫漸漸變得無所不在。有一天晚上,我睡不著,走到外面看星星,看吧!就有三個壞心鬼在那裡守株待兔。他們也睡不著,打算用我來堆一個雪人……還好,我的最佳隊友及時趕來救我,達莉亞光著腳,拿著鍋蓋跑來……布魯戴著那副沒有鏡片的眼鏡,揮著兩隻手臂轉呀轉,像風車一樣……薇樂蒂拿著掃帚猛拍猛打,想嚇退這三個偷襲我的傢伙。最後,這場混戰開心收場,我們這幾個小孩全都笑到肚子痛。

> 帥喔，你的眼睛被我打成燈泡，可以照亮回去的路。

瑪格麗特阿姨的第六感很準，她總會在剛剛好的時間點出現在剛剛好的地點。看吧！她跑過來了。

> 走開！小流氓！

她罵的是三人組，不是我們。她就像母雞帶小雞一樣，保護我們。

嘿！
我有個
提議。你們
要不要加入
我們的
合唱團？
咕弗喔？
到底在說
什麼鬼話？
合——
唱——團。
大家一起唱歌。
嗶嘶嚯
——歌、
音樂……
白癡！
他們整天
只想著唱歌
跳舞……
他們腦袋
有洞！
在音樂會
之前，你們
這些臭蟲
早就沒命了！
噠怒……
回家睡覺！

隔天早上，媽媽盯著
我的臉瞧了好久，然後
在我的手掌心上寫下：

我接著唸出：

藍莓

一想到藍莓，我們的口水就停不下來。
西伯利亞夏天盛產藍莓，像海裡的鹽一樣多。
不過，夏天還要等好多個月才到……

愛

我們這些被驅逐出家園的人全都愛立陶宛。瑪格麗特阿姨愛每一個人。我愛齊蒲蒂老師和薇樂蒂。薇樂蒂愛我。佩卓妮列姑姑愛日本。布魯愛達莉亞，達莉亞愛布魯。里歐瓦、沃瓦和宙拉偷偷愛著達莉亞，達莉亞對他們……一點也不。媽媽愛爸爸，也愛我們。克里米太太愛大海。博堡木爾太太愛上帝。麵包同志和馬鈴薯同志誰都不愛。但是，天曉得……齊蒲蒂老師熱愛生命。

春天來了，每個人都開心得想唱歌。和春雨同時到來的，有非常可怕的事，也有非常美好的事。

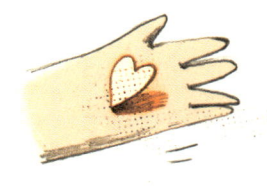

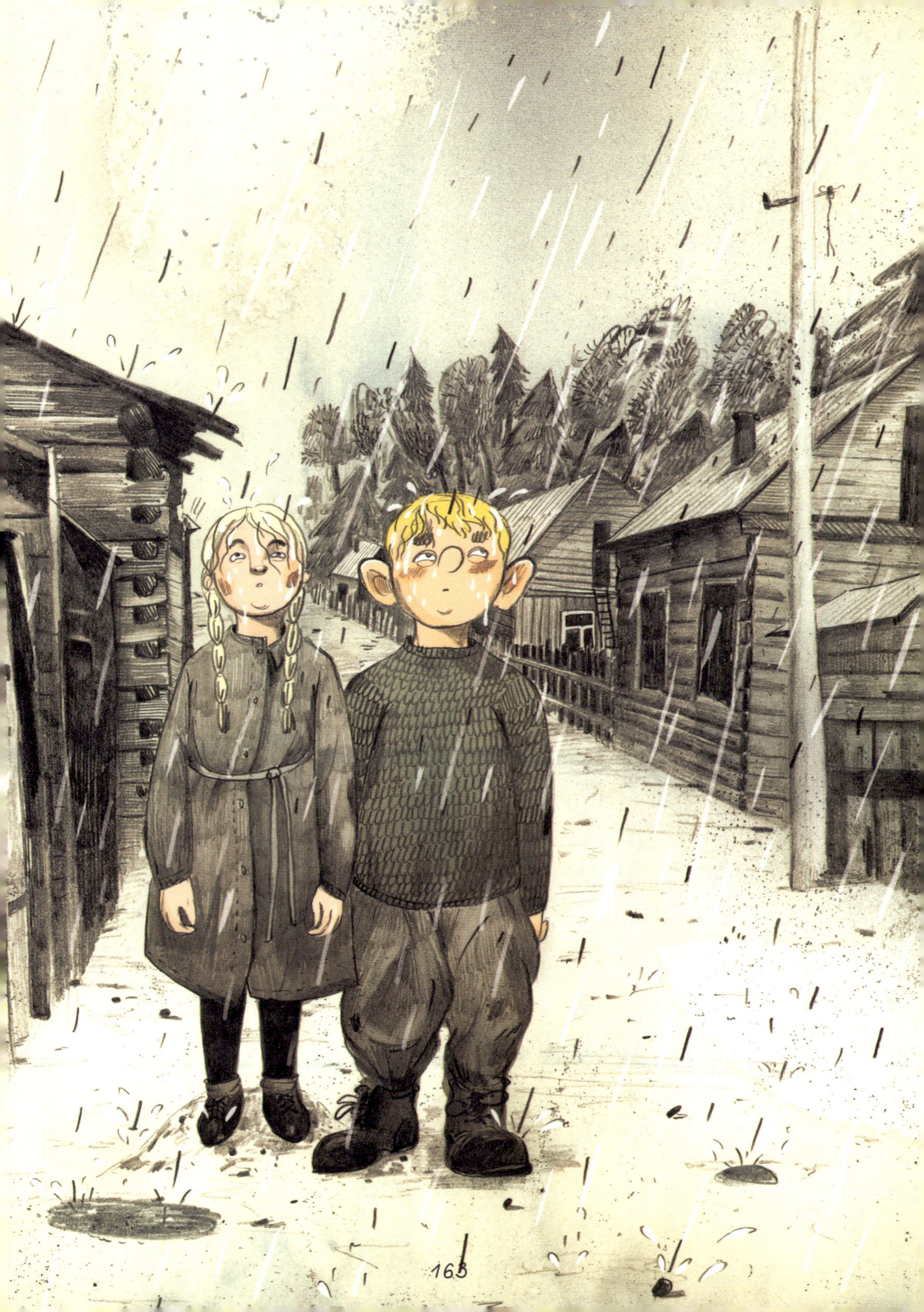

1 + 1 = 2

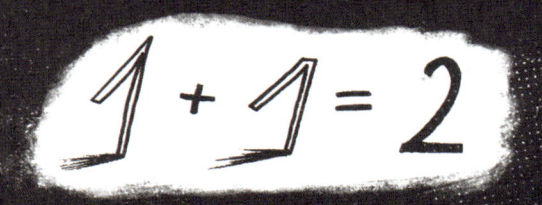

玫瑰奶奶過世的那天，對我們說：

> 我累了，孩子們。

說完，就離開了這個世界。
我們在她的手中放了些草藥。
她躺在床上，看起來容光煥發。

齊蒲蒂老師在森林裡忙著砍木材,我們請她做一副棺材,至少用幾塊木板釘起來,當作棺材。

齊蒲蒂老師從一大堆木頭裡挑選出一些,但是天啊……木頭全都衝著她滾下去!其中一根巨大的木頭撞倒她,另一根壓住她的手臂。聽到她的尖叫聲,有人跑了過去,發現她躺在地上。他們沒有其他辦法,只好推著木頭滾過她受傷的手臂,讓她脫困。

啊啊!

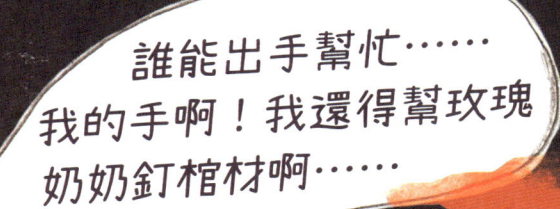

「誰能出手幫忙……我的手啊！我還得幫玫瑰奶奶釘棺材啊……」

人們跑去向瑪格麗特阿姨求救。齊蒲蒂老師對她來說，就像自己的女兒，她就是那麼疼她。所以，她一聽說出了意外，只抓一條披肩就往森林的方向跑。

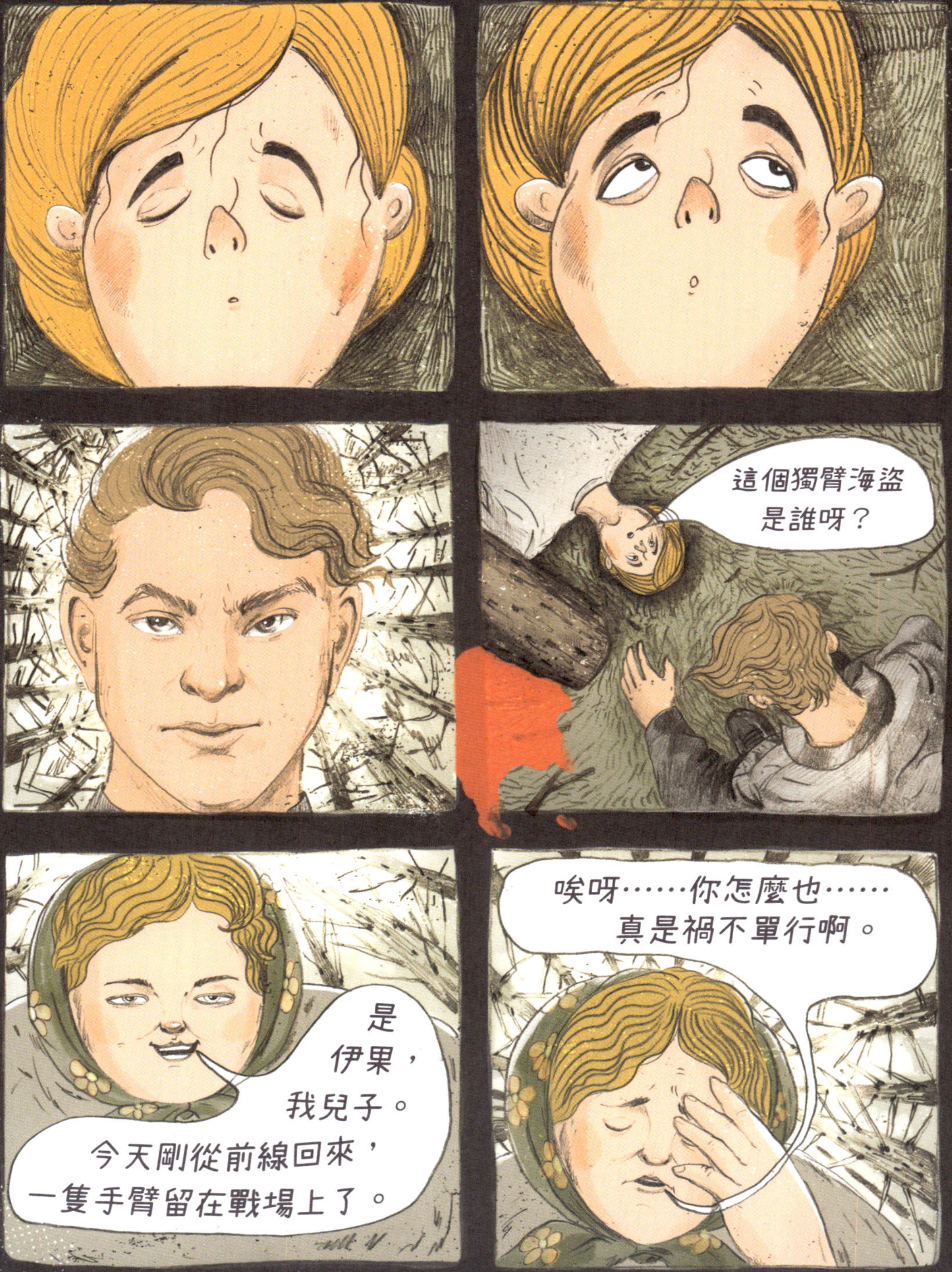
這個獨臂海盜
是誰呀？
是
伊果，
我兒子。
今天剛從前線回來，
一隻手臂留在戰場上了。
唉呀……你怎麼也……
真是禍不單行啊。

他們救不回齊蒲蒂老師的手臂,只能截肢。然後,獨臂伊果就抱著獨臂齊蒲蒂回到營房。

在那之後,他們倆一直並肩同行,手牽著手⋯⋯

採集樹液

親愛的羅姆斯：

　　我們很早就起床，在樹幹上鑽洞，讓樹液流進水桶，裝滿後倒進大木桶，然後，再去找更多樹，重複同樣的工作。到了傍晚，他們會給我們煤油，用來把手洗乾淨。等他們開始在澡堂燒柴，我們就可以回營房。我們偶爾會在火爐上煮樹液，再倒進冷水裡，之後就能將焦油捏成小塊，拿去和蘇聯女人交換牛奶。

　　她們喜歡嚼焦油，聽說對牙齒很好。不過，要是煮的時間不夠久，焦油就會黏牙，這樣的話就糟了。她們嚼累了，會給其他人嚼，或是黏在桌子底下，晚一點繼續嚼。

　　你好嗎？
　　你在哪裡？

　　　　　　　　　　　——愛你的烏蘇拉

蛇的婚禮

那天，大鵝馬丁、薇樂蒂、達莉亞、布魯、里歐瓦、沃瓦、宙拉和我去森林裡撿野鳥蛋，也想看看能不能在森林裡找到一些野味。但我們萬萬沒想到會在路中間發現一大群蛇，大概有一百條，也許……九十幾條，全都纏在一起滑行，看起來像是在跳舞。

> 不必緊張！那是蛇的婚禮。

> 不要再靠近了！是蛇的婚禮。

> 快逃！是蛇的婚禮，我們最好離遠一點！

我們拿了幾根樹枝把牠們撈起來，朝彼此丟來丟去。蛇在空中飛，發出火大的嘶嘶聲。但只要我們一把牠們放回蛇群裡，牠們就開開心心的繼續滑行。

後來，我們回到營房時，發現門上有一張字條。

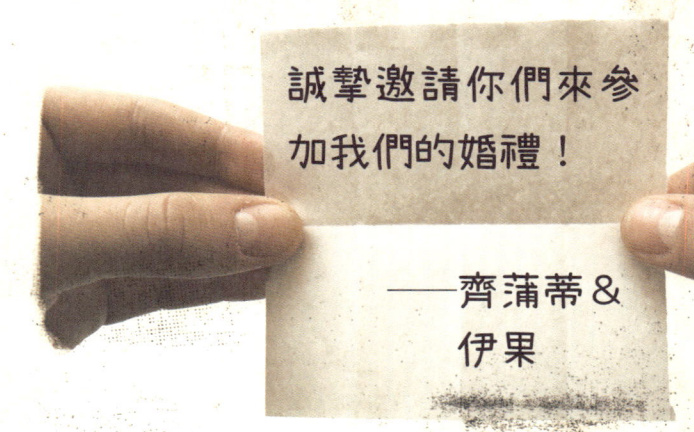

> 誠摯邀請你們來參加我們的婚禮！
>
> ——齊蒲蒂＆伊果

叛徒！

不要臉！

努，好啊！白癡配上法西斯！

祝福你們每天都有溫柔的晨光、寧靜的月光。
有無數快樂的日子，有許多快樂的孩子。
無憂無慮、白頭到老！

齊蒲蒂老師，我們帶了禮物給你們。

這是祕密驚喜，不可以說喔！

唉呀，我親愛的夢想家……

這場婚禮很奇怪，和立陶宛的婚禮不一樣，完全沒有笑鬧聲，也不歡樂，非常低調。麵包同志和馬鈴薯同志全程緊盯，那幾隻狗也在一旁警戒。不過，他們實在搞不清楚──葡萄乾為什麼那麼愛舔我們的手。

我不知道婚禮之後發生了什麼事,但我聽說……床上都是蛇。

蛇摸起來冰冰的……

有你在身邊,我什麼都不怕。

塔巴列

沃瓦、里歐瓦、宙拉三人幫也加入我們的合唱團了，而且他們還喜歡得不得了。他們唱的是俄語，想到什麼就唱什麼。但他們也學了一些立陶宛歌。

小小的國度

美麗的森林

在遠方啊，在遠方！

我們當然有好好稱讚他們：

可囉修——太棒了！

可啦夕哇——太美了！

我們的指揮齊蒲蒂老師肚子像吹氣球一樣鼓起來。
她的丈夫伊果做了一些樂器。他很有創意，在他耳裡，
漏水的桶子像雨聲，拍打金屬洗衣板像雷聲，摩擦鍋蓋
像閃電。只有在木板上畫出來的鋼琴鍵安靜無聲。

這些牛鈴也可以拿來演奏嗎？

我們來做塔巴列！

塔巴列……那是什麼？

塔巴列是用長短不同的木片做的，把木片掛起來之後，可以用木棒敲打。

時辰到。

那天,
我們體會到九個月
一轉眼就過了,
但生產的過程
很漫長。

寶寶誕生在苔蘚上。伊果和瑪格麗特阿姨幫齊蒲蒂老師將孩子接生下來。齊蒲蒂老師說玫瑰奶奶也陪在她身邊，溫柔地摸了摸寶寶的頭之後，就飛走了，感覺明亮且平靜。達莉亞衝進來時，帶著她用自己的捲髮織的披肩，將光溜溜的寶寶包裹起來。

這是我們的威諦斯——亞歷山大*！

我的西伯利亞小孩……

*威諦斯是立陶宛國徽上騎著馬的騎士；亞歷山大是三任俄國沙皇的名字。

我這個奶奶——巴布惜卡好開心啊！我也會說立陶宛文的開心——磊明嘎！

我也好開心……

抽菸

耙尼嗎訝噓？你知道嗎？你不懂的事還很多。

我當然懂，我又不是小屁孩。

小屁孩？什麼意思？

就是乳臭未乾的小子。
是喔……
抽菸的感覺如何？
這是我們的胎呐……祕密。
噓。
祕密？
當然。我以前真的很喜歡齊蒲蒂老師。
現在呢？
還是喜歡，但更喜歡薇樂蒂……耙尼嗎訝噓？
了解。

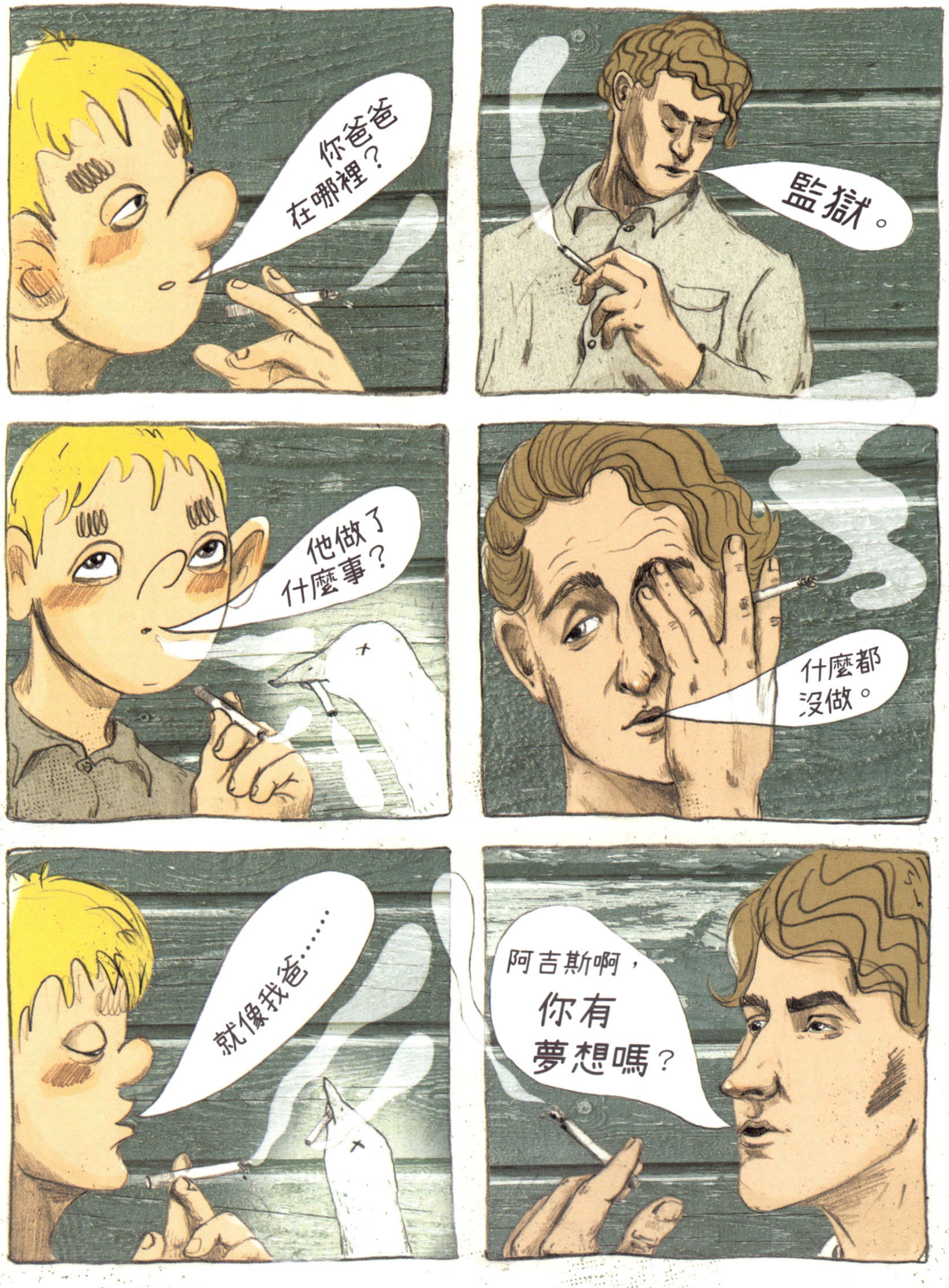

你爸爸
在哪裡？
監獄。
他做了
什麼事？
什麼都
沒做。
就像我爸……
阿吉斯啊，
你有
夢想嗎？

前幾天晚上，我有聽到鼓聲。**那聲音好像**來自……宇宙。

我想打鼓。

在哪裡？跟我說！

我要去……

咳咳 咳咳 咳咳

別抽了，小朋友，你的百日咳還沒好，記得吧？

這時……

馬鈴薯同志從一旁冒出來，拿走我們的菸，命令我們回去工作，我們只好照辦。

寫給亞馮薩斯的信

綿爾細斯
亞馮薩斯收

親愛的哥哥：

　　隨信送上我們所有人的祝福，希望你一切都好。我們收到你寄來的書了，真的很謝謝你，現在，孩子們的臉都埋進書裡了。讀書、寫字的時候，會讓他們想起立陶宛。我們的家鄉好嗎？你好嗎？你能查到羅姆斯被送去哪個營區嗎？他好嗎？你有沒有什麼人脈可以保他出來？我想到他的日子一定很不好過就很難受。這裡的生活真是讓人筋疲力盡。孩子們常生病，不過他們正向的態度也讓我稍微提起精神。他們愛唱歌、說故事、玩耍……甚至假裝這裡有蜜蜂和蜂蜜。孩子們讓我們的日子沒那麼苦。我的牙齒幾乎都掉光了，我一直緊閉著嘴巴，不讓人發現。

　　親愛的哥哥，我們要給你無數個親吻。

　　　　　　　　　　——愛你的妹妹烏蘇拉和孩子們

通知單

我不記得自己是不是真的有收到那張通知單,就算有,我也一定是在雲裡讀的。那天,我盯著天空看,知道爸爸真的離開我們了。嗚,爸爸……
我不知道怎麼寄蘋果乾給你!

現在都來不及了。

СПРАВКА．　　　　Секретно．

囚犯羅姆斯・翁次可,未涉嫌任何犯罪,已於勞改營中死亡。

死因一:過度飢餓
死因二:過度思念家人和家鄉
死因三:過度疲勞
~~死因四:槍~~
死因四:個人意志

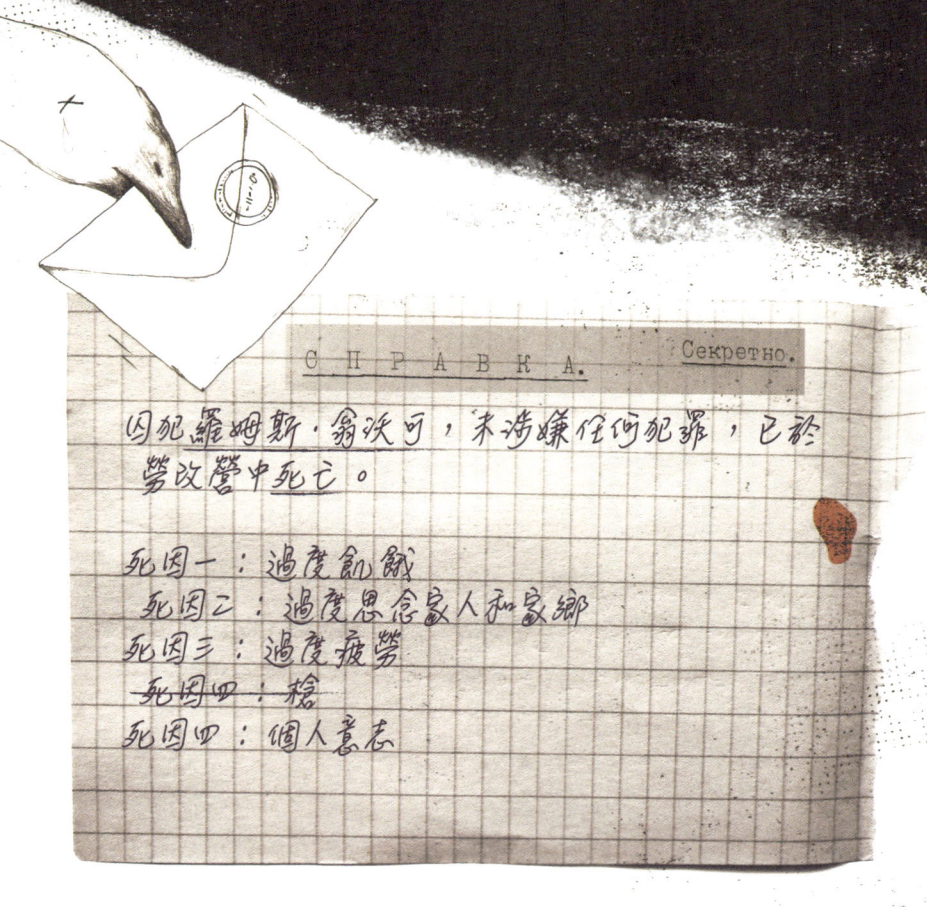

我跑去找媽媽和達莉亞。我鑽過豬圈的大閘門，看見她們兩人滿臉疲憊，正和布魯以及其他幾個人在裡面為豬準備飼料、清洗飼料槽。我看著他們工作，直到媽媽感覺到我的目光，轉身過來。

媽媽……對嗎？
你知道了對嗎？
你有感覺到對嗎？

豬也發出呼嚕呼嚕的哀傷叫聲。
布魯說：

豬是非常聰明的動物，
牠們什麼都懂。

那天晚上,「蘋果合唱團」要排練,達莉亞和我把哀傷藏在衣服底下,依舊拖著沉重腳步去參加。齊蒲蒂老師指揮著,伊果演奏塔巴列,威諦斯－亞歷山大躺在搖籃裡咿咿嗚嗚。

清晨霧濛濛白鳥振翅
青蛙不睡,一躍入水
啪啦,啪啦,啪啦……

啪啦!

啪啦!我們以為自己是跳進池水中,其實是摔到地上。我們靜靜躺著,看著天空。這些歌可以唱出我們心中的空洞嗎?要怎麼做才能把那個洞補起來?

我什麼時候才會長鬍子?我要把鬍子捲得翹翹的,像爸爸一樣。

太鼓

太陽下山。啪啦！我準備好要出去晃了。
我安靜得像隻貓，沿著日本囚犯的圍籬走。
一個黑漆漆的身影忽然冒出來，有妖怪！我的心臟猛跳，
都要從嘴巴噴出去了。

誰在那裡？

沒有人。

那個妖怪脫下斗篷，是佩卓妮列姑姑！

姑姑，你在這裡做什麼？

你又在這裡做什麼？我來聽他們打鼓。

他們只會在夜裡打鼓，很輕很輕，幾乎沒有聲音。我們坐下來等。

一陣無聲的節奏從日本營區裡傳來，戰俘們走下床，身上裹著毯子，圍著用來當火爐的鐵桶站一圈，每個人手上都握著兩根木棒，把鐵桶當作鼓，沒有真的打下去卻還是有聲響。空氣振動，我全身也跟著顫抖⋯⋯就算我閉著眼睛，也能看得清清楚楚。

佩卓妮列姑姑推了推我。

聽見了嗎？他們用空氣演奏。

日文說鼓是「太鼓」。演奏太鼓，在我們聽來就是演奏和平*。

太鼓

我們唱的也是和平，對嗎？我是說……

蘋果合唱團。

*立陶宛文的和平是TAIKA，發音和太鼓（TAIKO）相近。

美國

這天早上,我們比平常更早聽見麵包同志在中庭說話的聲音。

流放者都衝出營房,像是被蜜蜂螫到一樣。怎麼了?美國嗎?為什麼?我們要解脫了嗎?大家七嘴八舌,有疑惑,有驚喜,也有戒心……

> 美國!有沒有人想去美國?

> 會讓我們搭船去嗎?走哪條航線?會經過日本嗎?

> 我想要去!

> 什麼時候?麵包同志,什麼時候?

一定會經過日本。如果你想去，說不定會讓你在那裡下船。

徵求到二十個志願者就會出發。

路途很長，要身心健康的人。

簽這裡！

志願者名單

日本

媽媽用手指戳了戳佩卓妮列姑姑。齊蒲蒂老師覺得她太好騙，唸了她幾句。營區裡的人分成兩派：有人相信，開始打包東西，準備出發；另一些人不相信，而且試著勸其他人不要去。

這是離開這個鬼地方唯一的機會！

待在這裡，最後可能會被活埋。

還有可能更糟嗎？

到了美國，我們可以想辦法回立陶宛⋯⋯

要募集到「美國團」並不難，隔天，第一批人就準備好要上路了，佩卓妮列姑姑也是其中一個。她穿上她的日本和服，一如以往，看起來好像來自不同的星球。馬鈴薯同志再次問她：

她只是開心地笑著。

你是要跟著馬戲團去巡迴表演嗎？

囉！出發了，別了，馬鈴薯同志！

我們算不上朋友，但……算冤家仇嘛！

咕！

佩卓妮列姑姑優雅地鞠躬，向他道謝：

咕那當？什麼鬼？你真是個小丑……

阿哩嘎斗！

他們得先到河邊去搭小艇,我們去為姑姑送行,編了幾朵花在她的頭髮上。我們想像的蜜蜂和那些俳句好像都跟著她一起飛走⋯⋯說真的,她是非常棒的姑姑。我們看著她搭上小艇,她拿著一條白色手帕向我們揮呀揮,手帕忽然啪噠一聲飛起來,像一隻紙摺的白鶴拍打著翅膀飛上天。我們在風中大喊:

「姑姑,寫信來!」

「寫信給我們!」

好消息

又過了一段時間,這段時間是長還是短,我已經搞不清楚。我只知道我們被分派的新工作好多。現在,我們負責養小雞。這裡的小雞和立陶宛的完全不一樣,羽毛不鬆軟,也不太黃,反而像我們一樣又髒又冷。我們會窩在一起取暖。

小貓倒在血泊之中。達莉亞抓起受到驚嚇、沾滿血的小雞,把牠藏在衣服下。我們站在原地,一動也不動,好像自己也是貓和小雞。麵包同志走進來,一派輕鬆地問我們怎麼了,為什麼這麼安靜?舌頭被貓咬走了嗎?然後,踢了貓一腳,要我們清乾淨……

有個好消息要告訴你們。

我們可以回家了?

急什麼?在這裡不開心嗎?你們有機會辦一場演唱會。

佈伊司脫吧徹 吼兒 椏布啦卡!蘋果合唱團的演唱會!很讚吧!

什麼是「貼福貼滷」?

在村子的大禮堂,10公里外。這個星期天。好好唱,說不定可以得到一些「貼福貼滷」。

我也不知道那是什麼,不過聽起來好像和肉有關係。有人已經把貓清理掉了,擦乾眼淚之後,我們為即將到來的演唱會歡呼。達莉亞悄悄把小雞帶回去,不不不,我們沒有要吃小雞,牠是新朋友。「又多了一張嘴吃飯」,媽媽的手勢這麼說。不過,她沒有生氣,臉上有笑容。

長途跋涉

現在是冬天，毫無疑問，是寒冷且看不到盡頭的西伯利亞冬天。到了演唱會那天，我們排好隊準備出發，才發現沒有雪橇，我們得靠雙腳走去。不過，當時我們已經不覺得步行10公里很遠，這樣的路程我們早就習慣了。任何我們沒有力氣做到的事，也會靠毅力完成。西伯利亞就是這樣，讓你筋疲力盡的同時，也讓你發現自己潛力無窮。

暴風雪！

他們很耐操，沒問題啦。

沒有雪橇！讓他們走路順便運動！

在長途跋涉的前一天，我發現種在火爐後那個桶子裡的蘋果籽發芽了。

瑪格麗特阿姨帶著威諦斯－亞歷山大走出來,讓寶寶跟他的爸爸媽媽說再見。負能量小隊也在,他們依然……小題大作。

你們真是自討苦吃!

腦袋是不是凍壞了?

別再**抱怨**了,他們很開心,這是他們的首場演唱會。

大鵝馬丁張開翅膀,擋住我的路。這是第二次,我忘記鳥類和動物有第六感,祂想要警告我,但會是什麼事?我一心只惦記著「貼福貼滷」,口水都快要流出來了……
我推開馬丁,但祂又回到我面前,用鳥嘴咬住我外套的衣角。我大吼:

你已經死了!少來煩我!

祂消失得無影無蹤!我左看右看,祂真的離開了。抬頭看天空,什麼都沒有,只有厚重的雲,載著滿滿的雪。我的心情和那些雲一樣沉重。祂那麼擔心我……不過沒有時間哀傷了。我們就要出發上路!

演唱會,我們來了!萬歲!

我們出發的時候還在唱歌，但是大風雪很快就讓我們安靜下來。厚厚的雪開始落下，一團又一團，像是要覆蓋全世界。我們的腳愈陷愈深，吃力地向前走，不時回頭看，卻什麼也看不見，只有一片白茫茫，是那種會讓你腦袋一片空白的濃稠的白。我們牽著手，但是風吹散我們牽起來的生命線。狂風緊跟著我們、追捕我們、推倒我們，讓我們跌進雪堆裡，好像在嘲笑我們。

上帝啊！

媽媽！

爸爸！

我的孩子！

最後的和弦……

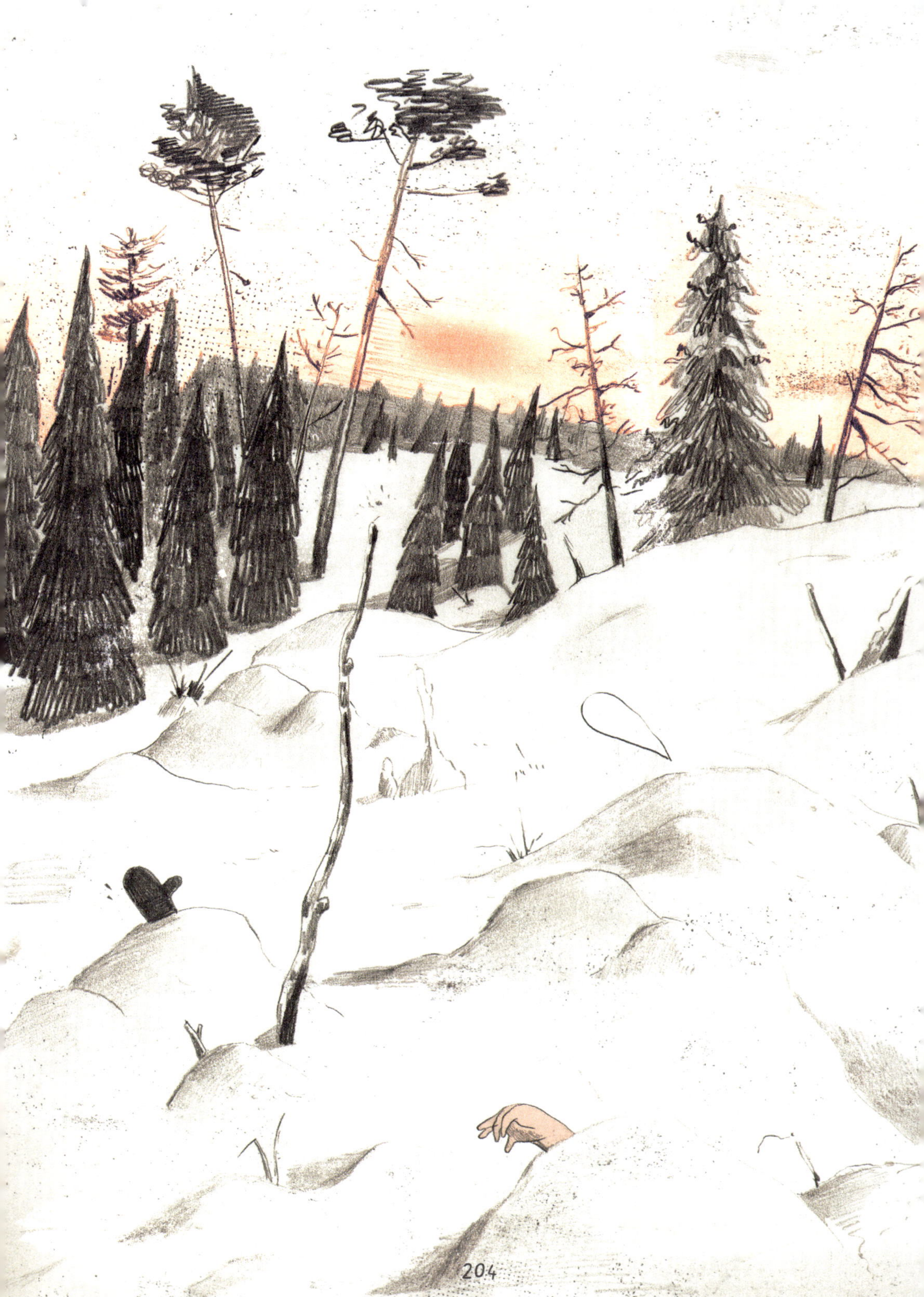

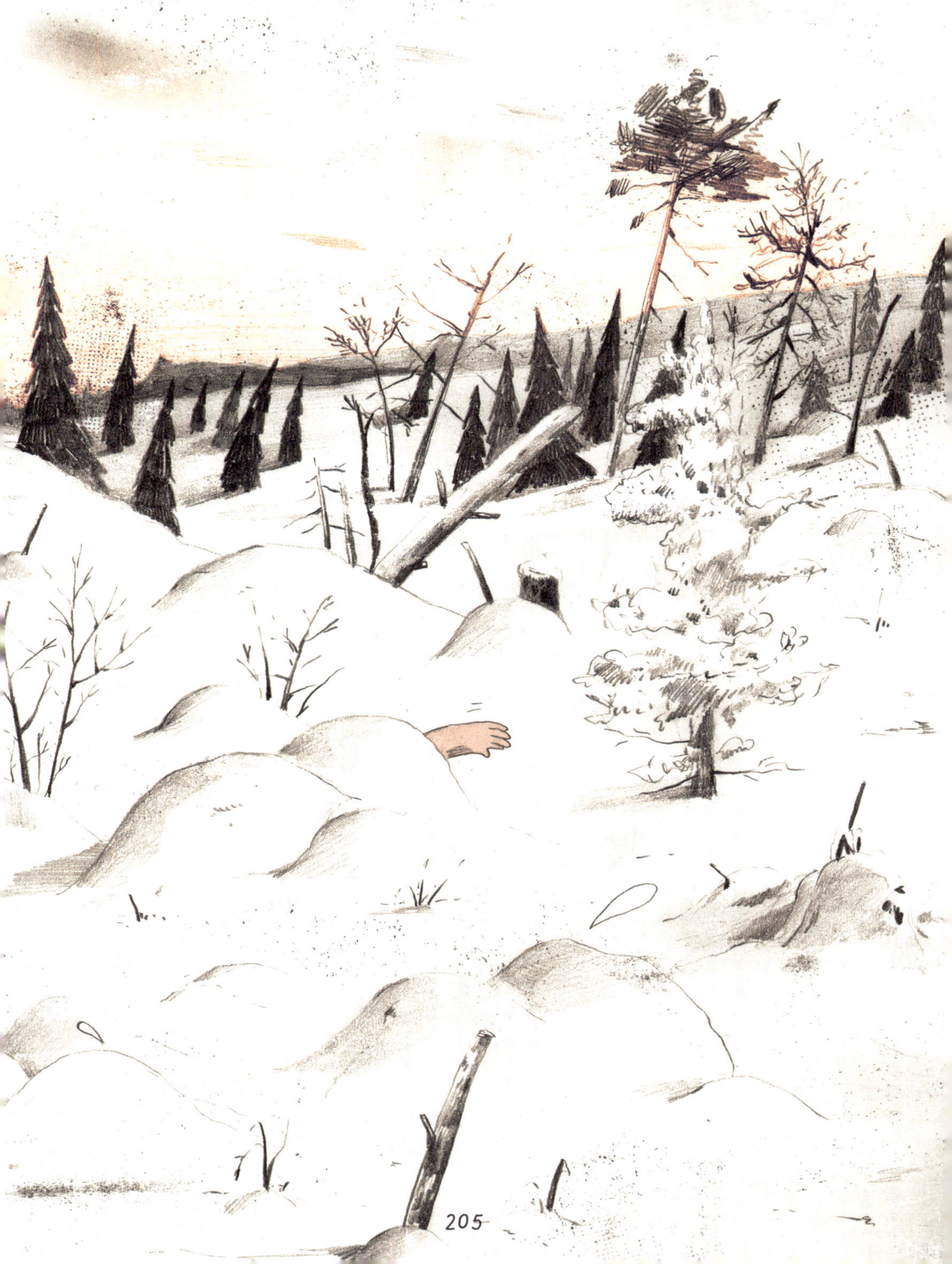

小小羊兒要回家

在上面的某個地方,暴風雪正在瘋狂肆虐。在上面的某個地方,人們還在辛苦工作。在上面的某個地方,不很遠的地方,好幾百位賓客一邊喝著伏特加,一邊跺腳,他們難道不覺得奇怪?為什麼沒有音樂?答應要來表演的合唱團在哪裡?在我們的營房裡,我們的家人應該已經點上了蠟燭,不時對著黑暗張望,提心吊膽等待早晨到來。他們還不知道我們出了什麼事。在立陶宛的某個地方,人們正在床上安穩入睡。對他們來說,西伯利亞遠在天邊……

而我們在這裡,埋在雪底下,一片死寂。我也在雪底下,對吧?我伸出一根手指……薇樂蒂在哪裡?第二根,媽媽在哪裡?第三根,達莉亞在哪裡?第四根,齊蒲蒂老師在哪裡?大拇指,布魯在哪裡?我的另一隻手已經沒有感覺了,一定是結凍成冰,斷掉了……

砰！ 一把鏟子敲到我的頭。我醒了過來。麵包同志在雪地上挖呀挖，是死還是活，要挖出來才知道。還活著的人，都跪在地上徒手挖，尋找其他人。暴風雪已經消失無蹤，天空是一片粉紅。好安靜。媽媽……她從雪中爬起來，四處張望。她看見我，看見達莉亞。達莉亞和我坐上雪橇。麵包同志把死去的人放在我們身邊。薇樂蒂……我的薇樂蒂……齊蒲蒂老師和伊果，他們的手牽著……失明的克里米先生還拿著塔巴列……宙拉、沃瓦、里歐瓦……其他人，全身發紫，還有一種古怪的透明感。

「清點一下，蘋果都找到了嗎？」

「我們回去吧。」

「今天不必工作了。」

媽媽沒有坐上雪橇，她跟在後面走。
忽然，她的聲音傳遍西伯利亞的荒野：

「天色已暗啦！星星也亮啦！
小小的羊兒要回家，不要怕……」

聽見了嗎？媽媽在唱歌！
好像牧羊的小女孩……
媽媽的聲音回來了……
她唱的歌很悲傷，玫瑰奶奶說中了。
媽媽！
媽媽，拜託你坐上來，你會凍壞的……
你說得對……

西伯利亞長不出蘋果

馬鈴薯同志在營房外看到我們的時候氣炸了，因為我們害他的工作量增加。所有的遺體都得埋葬，但是土地凍得硬邦邦。想要在地上挖洞，一定會弄斷鏟子。不過，他想到一個辦法：何不丟去餵魚？只要把遺體推到冰層底下，就能跟著河水漂走。結案！

> 不要放水流！我們想辦法讓土地解凍。

> 誰問你的意見了？就挖個洞，把屍體推下去。

他開始動作，在冰上鑿出一個洞，再讓遺體一個接著一個滑下去。好像某種神祕的儀式。河流似乎理解我們的感受，替我們擁抱心愛的人，輕輕地搖晃，之後才帶走他們⋯⋯

感謝上帝！布魯啊，你還活著……

西伯利亞長不出蘋果！

這裡長不出蘋果！

溫柔的克里米太太失去了丈夫和薇樂蒂。她一手抱著女兒，一手撫摸丈夫的眼睛，輕聲說：

你真的再也看不見了……

她在女兒的手腕上繫好一條領巾，才讓他們把她推下去。

河水會保護你。

不怕。我永遠與你同在。

撲通！滑進水中。

> 冷靜下來，親愛的。沒事了，沒事了……

> 放開！我要把你的眼睛挖出來！

> 我可不是好惹的貓！

冰上的洞口黑漆漆。薇樂蒂消失了。我站在那兒，感覺大鵝馬丁張開翅膀抱著我。祂回來了，我的朋友……克里米太太跑了一圈又一圈，忽然，她提著我們種蘋果籽的桶子，從我們身邊衝過去。發芽的蘋果籽已經長高不少，她全都倒進水中。

> 好了。但願你們一路好走。西伯利亞長不出蘋果。

那些樹苗輕巧地漂浮在水面上，看起來就像是日本字裡的圓圈和符號，我在佩卓妮列姑姑的書裡看過。我把桶子撿起來，這是我的鼓了。

冰層底下，死者的輪廓亮晃晃，像一幅幅畫像。瑪格麗特阿姨追著他們跑，不停地跑，她沿著河邊跑，在積雪的河岸上上下下地跑。她拉起裙子跑，直到雙腳拖著她回到家。她直直走向水井，打開水井上的門，打算跳下去。

威諦斯……
可憐的小孤兒……

奶奶很難過。
我的心在哭。
奶奶不開心。

奶奶！

北極光

那場暴風雪過後,一切都變了。寂靜籠罩我們。
偶爾會有一些人在睡夢中開口唱歌,但很快又是一片靜默。時間再度停止,似乎是這樣。我們甚至沒有發現春天來過,直到夏天到來,才恢復清醒。就在這個時候,大鵝馬丁帶來一封信。

親愛的蘋果們（以及不唱歌的梨子們）：

我現在住在楚普捷夫海附近，一個距離美國不遠的地方。在我的四周，只能看到一片雪白，而且冷得要命。你們無法想像有多冷！我們在這裡捕魚，就像真正的漁夫，在冰上鑿洞捕魚⋯⋯這些魚不是我們要吃的，他們會把魚裝進罐頭，送去其他地方，那裡的人大概比我們更餓吧。我們住在自己搭建的圓頂帳篷裡，駕著狗拉的雪橇行動。

睡不著的夜晚，我會看著北極光。有一次，北極光把天空染得像蜜漬蘋果一樣紅，簡直像是在天上放火！那時，我的心刺痛了一下，感覺似乎有什麼壞事發生。希望你們都平安。

你們會好奇北極的夜晚有多麼明亮嗎？你們知道這裡的貓頭鷹怎麼叫嗎？牠們半夜不睡覺，我們實在很像⋯⋯

我想抱抱你們每個人。

寫信給我！

——愛你們的佩卓妮別姑姑

孤兒列車

有一天，我們聽見外面有人在大喊。有個立陶宛的代表團來了！帶著香腸來！有個髮辮盤起來的女士在我們的中庭四處走動，身邊還有個穿西裝、打領帶，戴了一副小圓眼鏡的先生，他是詩人嗎？所有的流放者都聚集過去。那位女士站到麵包同志擺好的椅子上。在我們眼裡，她簡直美得不可思議。

> 親愛的立陶宛同胞，我是碧路蒂・史東。這位是我的同事——普拉納斯・布斯。

> 我們來帶孤兒們回家鄉，有哪些孩子是孤兒？

孩子們都沒有回應，但是他們的媽媽全都舉起手。克里米太太大喊著西伯利亞長不出蘋果。史東小姐頻頻點頭，有點慌張，但她保證每個人都能上車，只不過要先整理好名單。

媽媽又能說笑了,就像過去一樣。看來,一切就要恢復正常了。

第二天，我們在火車旁等待，準備出發上路，有達莉亞、布魯、我，還有其他的小孩子。我感覺大鵝馬丁在天上的某個地方盤旋，薇樂蒂和齊蒲蒂老師也在。媽媽躲在火車站的一角，暗示我們不要看她，但我們怎麼可能忍住不看？我們的心怦怦跳，呼吸困難，讓媽媽獨自留在這裡太不公平了，雖然還有小雞陪著她。媽媽把小雞緊緊抱在胸口，那是我們臨走之前送她的禮物。

我們都在名單上，都是孤兒。

都姓蘋果……

你們兄弟姊妹這麼多啊……

蘋果？

開玩笑的，我們兩個姓翁沃可……

他的姓是木耳。

你說笑吧？

真是有趣的孩子們！

火車準備前進。我打了個冷顫,這一次和上一次不同——我們要回家了。像個真正的人,坐在舒適的列車上。車廂有窗戶,我們可以看見媽媽。克里米太太和博堡木爾太太追著火車跑,一邊大喊:

寫信來!

回立陶宛的路上

喀咚　　　　　喀咚　　　　　喀咚……
我們坐上火車之後，肚子叫得很大聲。還記得我們有一次溜去麵包同志和馬鈴薯同志的小屋，從窗戶偷看裡面，看著他們吃吃喝喝、打牌，我常常派大鵝馬丁進去幫我們拿一些好吃的出來。門打開的時候，他們兩個會看得目瞪口呆，然後開始到處找那些從桌上消失的美味零食。我夢見牛角麵包了，再過不久，我就可以大吃特吃了。

> 立陶宛的牛角麵包真的都長在樹上嗎？

> 只有我們小鎮……我們還有牛奶河……

布魯遞了一些魚乾過來，我們邊嚼邊咳嗽。我咳得最大聲，齊蒲蒂老師以為我被魚刺噎到，伸出一隻半透明的手幫我拍背，輕輕的，幾乎感覺不到……

和魚刺沒有關係,是百日咳。

老師,是你嗎?

我聽見窸窸窣窣的聲音:

是……也不是。

她告訴我——他們有好幾個人都上天堂了,而且,有天使合唱團。不過,齊蒲蒂老師想要組一個自己的合唱團。她真是什麼都要自己來!她又補充:薇樂蒂也在上面,在雲朵中織彩虹。她編織的功夫是跟達莉亞學的。需要很長的時間才能完成一道彩虹,不過,天堂裡有的是時間。伊果也沒閒著,他做了一朵朵棉花糖雲……

你爬梯子上去撕一小片雲來吃,就知道有多甜……

聽了棉花糖的事，我繼續咳不停，像個老菸槍。達莉亞拿一條圍巾包住我的脖子。她的圍巾給了我們許多人溫暖。達莉亞好溫柔……

你可以織一件毛衣給我嗎？

等等，我先織完回家的路……

一起踏上這趟旅途的還有我們的老朋友。那些小惡魔——蝨子也跟著混到火車上。我們這些小孩開始比賽，看誰抓到最多隻。可以抓自己身上的來算，也可以抓其他人身上的來湊。

史東小姐和布斯先生對我們的比賽沒有什麼興趣，他們要我們小心一點，怕蝨子跑到他們身上。他們是重要人士，不想和這樣的害蟲扯上關係。不過他們沒有必要擔心，蝨子對重要人士不感興趣⋯⋯布斯先生一度完全崩潰，扯掉自己的衣服，在車上像個瘋子一樣跑來跑去。史東小姐將盤起來的髮辮解開，仔細梳她的長頭髮。

冰棒

火車不斷向前行駛,到了莫斯科才第一次停下來。天曉得要做什麼,我們一心只想要回家,愈快愈好。莫斯科巨大無比,而我們很……渺小。史東小姐和布斯先生要人去幫我們準備澡堂,他們希望確保我們回到立陶宛的時候乾乾淨淨。

在澡堂裡,兩個胖女士負責幫我們除蝨子。她們用力扯我們的頭髮,我們一直尖叫,於是,她們決定直接幫我們剃光頭,以防萬一。

親切的史東小姐安慰那些哭泣的女孩,告訴她們只要回到立陶宛,頭髮很快就會長回來。在立陶宛,什麼都長得很快……不過,史東小姐和布斯先生倒是沒被兩位胖女士剃光頭,只幫他們稍微修剪。重要人士不會被剃光頭,但史東小姐也不能再盤起一頭優雅的長髮了。後來,布斯先生為了讓我們開心一點,雙手拿著滿滿的冰棒過來,像在表演雜耍。**他竟然沒弄掉任何一根!**

我們去參觀一尊巨大的雕像，那是一個留八字鬍的男人。他們告訴我們要感謝**史達林同志**，感謝他讓我們有冰棒吃，感謝這個又感謝那個。如果史達林是我們的朋友，會把我們流放到西伯利亞去嗎？

回到家鄉

我們這群光頭終於回到家鄉了。在月台上四處看，呼！冷啊……好像剛從睡夢中醒來。官員馬上就會過來帶我們去孤兒院。親戚可以去那裡接我們，只要他們願意……旅程會繼續下去。

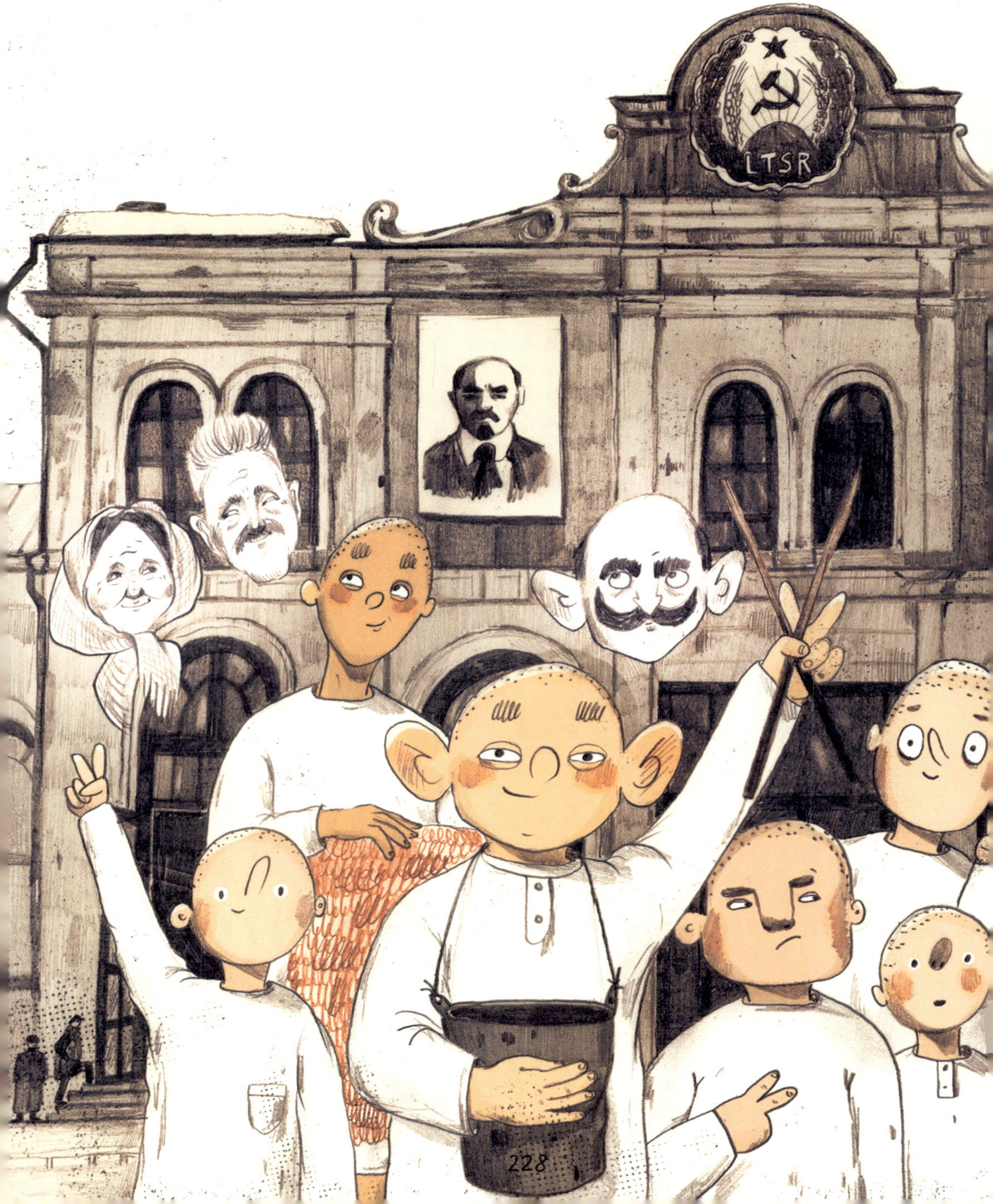
LTSR

靈魂永遠與我們同在,
像輕柔的風。

孤兒院

孤兒院裡有堆得像山一樣高的衣服,聽說全都是從美國送來的。我們迫不及待去試穿,對我們來說幾乎都太大件。不過,我們想要長大。我們覺得自己長大了。我們是大人了。

我挑了一件很有意思的大衣——兩面都可以穿,一面全白,另外一面是格紋。達莉亞選了一件紅色長大衣,上面有一條腰帶可以用來綁緊,那件大衣長得拖地,但她看起來還是很有女人味。布魯站在她身邊,穿了一件墊肩外套和一頂鴨舌帽。現在,我們都穿得整整齊齊,隨時可以回家,我們等待……等待……其他的小孩都被人接回去了。

幸好,幸運之神也沒忘了眷顧我們。終於……

達莉亞、阿吉斯,有人來接你們了!

舅舅！你怎麼知道我們超想吃蘋果？
你們寫給我的信上老是提到！這也蘋果，那也蘋果……不過，你們老家那裡也只剩下蘋果了。他們拆掉了你們的房子，偷走所有東西，牛角麵包也都沒了……不過，我們會想辦法處理。
無論我去到天涯海角，織任何東西，都會想著你。你可以再靠近一點，你可以把我抱在懷裡。我們從今以後同甘共苦……就像一對貓頭鷹。

媽——媽……

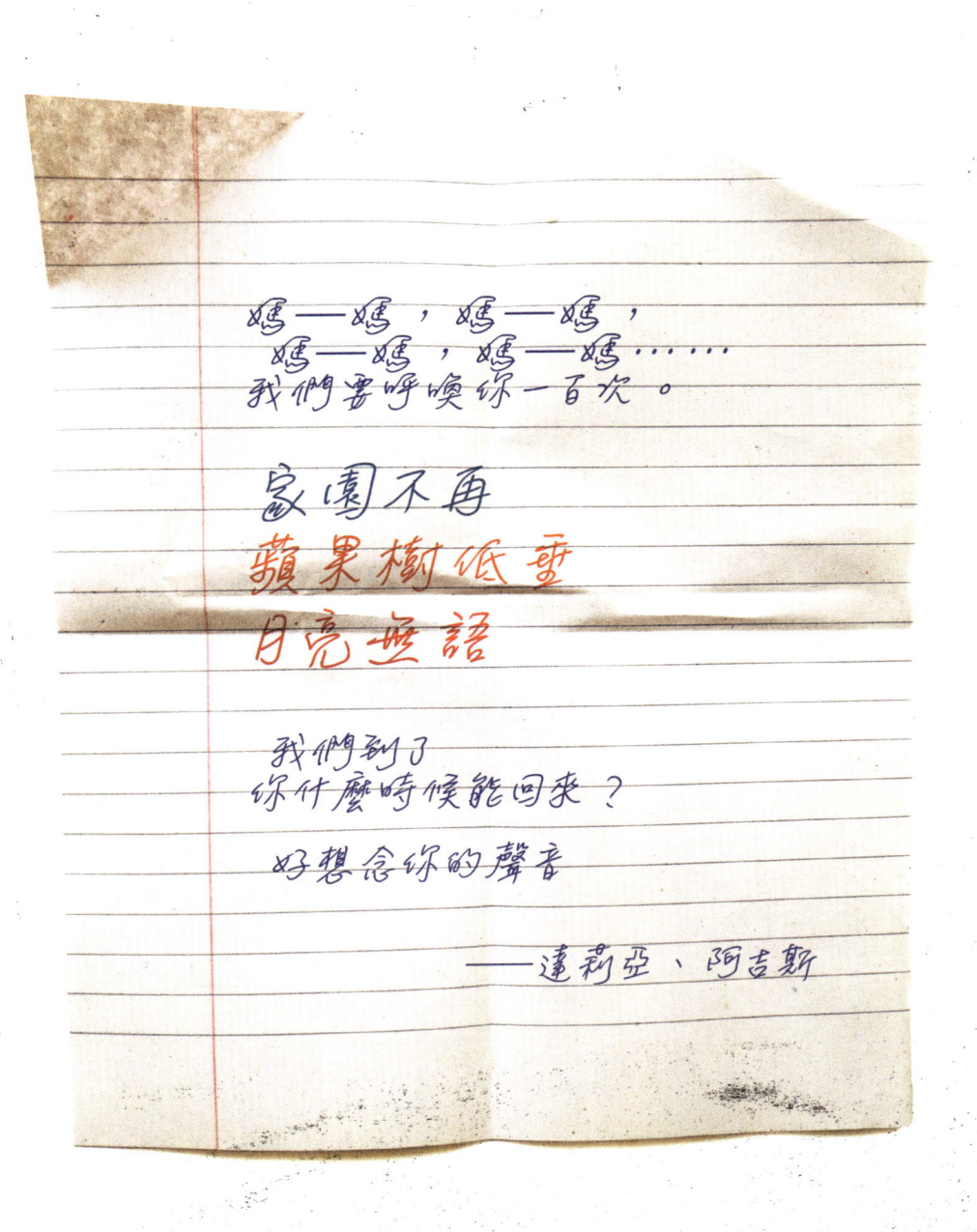

媽—媽，媽—媽，
　媽—媽，媽—媽……
我們要呼喚你一百次。

家園不再
蘋果樹低垂
月亮無語

我們到了
你什麼時候能回來？

好想念你的聲音

　　　　　——達莉亞、阿吉斯

尚未結束——
是起點

我的祖父羅姆斯，也就是阿吉斯和達莉亞的父親，在勞改營裡遭到處決。我的祖母烏蘇拉後來找到機會逃離西伯利亞，回到孩子們身邊，卻在立陶宛再被逮捕、關押、動刑，並且再次被流放。許多年後，我的祖母第二度從西伯利亞回來，才終於可以搬來和我們同住。

　　我們都聽過她在睡夢中尖叫，有時，她會沒來由地喃喃自語，說起西伯利亞森林裡的藍莓，或莢蒾漿果嚐起來多麼苦。當我幫她梳那一頭灰白的長髮，幫她編辮子，她會唱聽起來像日語的奇怪歌曲。她也會跟我提起那些在西伯利亞幫助過她的人，她說全賴他們的幫助，她才能活下來。「沒有他們，也不會有你。」她會這麼說。

你的俳句

看見黑暗之光，永不遺忘
——給台灣讀者的話

　　我的祖母，也就是我父親的母親，1941年和她的孩子們一同被流放至西伯利亞，多年後，她寫下這段遭到流放的回憶。

　　她用一枝普通的鉛筆，寫在一本小小的筆記本裡。寫她曾經承受的諸多苦痛，日常所見盡是嚴寒、飢餓和死亡；寫她被迫與丈夫分離，而丈夫不久後也遭槍殺；寫她的兒子，也就是我的父親經常生病；寫她每天還是得打起精神去工作，才能換取麵包來養活兩個年幼的孩子。

　　經過許多年之後，立陶宛在1990年終於得以重新宣布獨立，那些幸運存活下來的被流放者，才總算能夠將那段可怕的經歷公諸於世。我的祖母也開始回顧、分享了她的回憶。她筆下所寫的都是大自然，好心幫助過他們生存的當地人，也寫希望和信仰，卻從未寫下任何怨恨和憤怒，也無意去質問「為什麼？」。

　　在我看來，她寫下的字字句句都是美好和靜謐。某一天，有個字浮現在我的腦海中，我大聲說出來給自己聽：「俳句」，簡潔而深刻，正是這種日本詩歌帶給我的感受。因為這個聽起來像是咒語一般的詞，我找到了合適的書名──《西伯利亞俳句》。

　　我在祖母的見證中看到許多光，我也想將其寫進我的故事裡，但這並不是件容易的事，我們歷史中的這段篇章非常黑暗，充滿不公義和痛苦，我們應該讓世人知曉，藉此向那些無法回來的人們致意。無論是我們，或是任何人，都應祈禱這樣的事絕對不能再發生。前進是必然的，但我們不該遺忘。

—尤佳・維列

在還沒有被驅逐到西伯利亞之前，作者祖父母一家在立陶宛的全家福。
圖左為作者祖母，即故事中的母親；圖右為作者祖父，後來死於西伯利亞勞改營內；他手上抱著的是女兒，即故事中的達莉亞，祖母手上抱著的嬰兒為作者的父親，也是故事的主人翁阿吉斯。

過去的立陶宛發生了什麼事？
——寫給台灣讀者的歷史導讀

　　這本圖像小說所講述的是第二次世界大戰期間（1939-1945年）與戰後時期，發生在中、東歐的故事。對台灣的孩子們而言，歐洲的這片區域大概宛如月球背面，遙遠且陌生。當時，生活在這片土地上的人們經歷了許多苦難。二戰造成的傷害已經夠大了，接著他們又陷入希特勒和史達林兩位獨裁者的深淵，遭遇更多的不幸。

　　史達林統治下的蘇聯，趁著歐洲因二戰陷入混亂，在1940年6月15日占領了立陶宛共和國。那天，從城鎮到鄉村，紅軍士兵和共產主義標誌顯眼的戰車長驅直入，立陶宛人看在眼裡，無不感到焦慮不安。

　　占領這個小而繁榮的國家之後，他們開始奪取立陶宛公民一手打造的企業、工廠、商店等，農民的土地被沒收，出版自由和政黨活動也都遭到禁止。

　　他們之前在蘇俄也進行過史達林式的鎮壓，占領立陶宛後，利用相似手段對具有公民意識且教育程度高的民眾展開逮捕、監禁，並流放至西伯利亞。這些人當中有大學教授、教師、醫生、企業家、農民、軍警、政治家和社會工作者，這些人被冠上「異議分子」、「蘇維埃國家公敵」等罪名，一連串的行動對立陶宛造成毀滅性的傷害。

　　他們為何要這麼做？當一個國家失去最有才華、最具創造力、最勤奮的人民，就會變得更好掌控。這項可怕的計畫從1941年執行到1953年，直到史達林過世為止。蘇聯使用浪漫的代號，宣稱驅逐是在執行特殊的「行動」，如「春天行動」、「秋天行動」，當時一共有131,340立陶宛人遭到流放。

　　補充一點，立陶宛並不是唯一有人民遭到流放的國家，類似的情況也發生在鄰近的拉脫維亞、愛沙尼亞、烏克蘭西部、白俄羅斯西部以及摩爾多瓦等國家。

　　《西伯利亞俳句》一書所講述的，是在第一次大規模流放中受害人民的故事。當時大約有17,600人被送往蘇聯的偏遠地帶（包含科米、阿爾泰、克拉斯諾亞爾斯克邊疆區、新西伯利亞州、哈薩克），其中約有5,100名是兒童，他們和老年人最先受到各種疾病和死亡的摧殘。

　　被流放者被迫在工地、集體農場和伐木區從事無比粗重的勞力工作，

許多人在第一個冬天就因飢餓、酷寒而喪命。流放地的生活條件和立陶宛的差異之大，大約就像格陵蘭之於台灣那樣，而當地的俄羅斯人或其他西伯利亞民族，受史達林的宣傳影響，將流放者視為敵人，不與他們往來，也不得提供任何幫助。

1956年後，倖存的立陶宛人才終於獲准返回家鄉。然而，就算回到祖國，他們和子女還是長期受到蘇聯當局的差別待遇，他們無法回到從前的住處，就業困難重重，也被禁止進入大學就讀。

流放造成的集體性創傷，直到今日依然難以釋懷。自1989年起，立陶宛將每年的6月14日訂為「哀悼與希望日」。如今在立陶宛，舉凡紀念碑、被流放者的回憶錄及小說、學術研究、電影、漫畫，都成為銘記這段歷史的方式。

關於史達林和其追隨者建立的「古拉格」（GULAG，即「勞動改造營管理總局」的簡稱），西方社會一直無從了解，直到俄羅斯異議作家索忍尼辛於1974年揭露，才知道其規模、特徵和駭人聽聞的真相。然而，古拉格的策劃者和主導者從未被追究責任，進入21世紀後，由普丁掌權的俄羅斯反而歌頌史達林是「有效率的管理者」，宣稱他建立的古拉格為蘇聯貢獻良多。

基於以上種種原因，《西伯利亞俳句》的內容，令世界各地的讀者大感意外。至於，為何這本書也值得台灣人一讀？我提出以下四點原因：

1. 立陶宛人和台灣人都深知，被強大許多的國家壓迫是何滋味。
2. 台灣人和立陶宛人一樣，至今仍活在鄰國的威脅之下，這個鄰國否定民主的價值，並隨時會打擊、監禁異議人士。
3. 台灣和立陶宛的力量都源自於對自身歷史、文化與身分認同的重視。
4. 立陶宛人和台灣人的身分認同都是歷史經驗所形塑出來的，也會透過故事留存下來並世代相傳。

那些曾經活在世上、愛過、飽受過苦難的人們，需要歷史學者和藝術家的努力，才能將他們在20世紀（極端且殘酷的世紀）遭遇的一切轉述給世人知曉。這些故事將使我們更能理解自己和他人，並守護、珍惜自由的生活。我相信《西伯利亞俳句》將會搭建橋梁，使立陶宛與台灣人民更緊密相連。

——奧里馬斯・許瓦德斯（Aurimas Švedas），立陶宛歷史研究所所長、維爾紐斯大學歷史學院副教授。著有《巨大體系的囚徒：蘇聯時期立陶宛史學（1944-1985年）》等書。

GRAPHIC 0UGR0001

西伯利亞俳句 Siberian Haiku

作者	尤佳・維列（Jurga Vilé）
繪者	板垣莉那（Lina Itagaki）
翻譯	海狗房東
責任編輯	李銳俊
校對	魏秋綢
排版	關雅云
封面設計	薛偉成
副總編輯	邱建智
行銷總監	蔡慧華
出版	八旗文化／左岸文化事業有限公司
發行	遠足文化事業股份有限公司（讀書共和國出版集團）
地址	新北市新店區民權路108-3號8樓
電話	02-22181417
傳真	02-22188057
客服專線	0800-221029
信箱	gusa0601@gmail.com
Facebook	facebook.com/gusapublishing
Blog	gusapublishing.blogspot.com
法律顧問	華洋法律事務所／蘇文生律師
印刷	中原造像股份有限公司
定價	580元
初版一刷	2025年5月
ISBN	978-626-7509-41-8（紙本）、978-626-7509-40-1（EPUB）
	978-626-7509-39-5（PDF）

國家圖書館出版品預行編目(CIP)資料

西伯利亞俳句/尤佳・維列(Jurga Vilé)著；海狗房東譯. -- 初版. -- 新北市：八旗文化，左岸文化事業有限公司出版：遠足文化事業股份有限公司發行, 2025.05
　面；　公分. -- (GRAPHIC ; 0UGR0001)
譯自：Siberian haiku.
ISBN 978-626-7509-41-8(平裝)

1.CST: 歷史 2.CST: 立陶宛

747.81　　　　　　　　114002793

著作權所有・翻印必究（Printed in Taiwan）
本書如有缺頁、破損、裝訂錯誤，請寄回更換
本書僅代表作者言論，不代表本社立場。

SIBERIAN HAIKU
Text copyright © Jurga Vilė
Illustrations copyright © Lina Itagaki
Originally published in Lithuania in 2017 by Aukso žuvys, Žygio str. 32-8, Vilnius, Lithuania.
Published by arrangement with Aukso zuvys
through BOOK SMUGGLERS AGENCY and BARDON-CHINESE MEDIA AGENCY
Complex Chinese translation copyright © 2025
by Gusa Publishing, an imprint of Alluvius Books Ltd.
ALL RIGHTS RESERVED